Jürgen Karney

Auf Sendung!

Jürgen Karney, geboren 1954 in Berlin, begann seine berufliche Laufbahn als Schallplattenunterhalter mit staatlicher Spielerlaubnis, bevor er ab 1983 im Rundfunk und Fernsehen der DDR mit Sendungen wie »Bong« und »Jürgens Radio Show« Erfolge feierte. Nach der Wende war er beim Start des neu gegründeten Berliner Rundfunks 91,4 dabei und ist bis heute auf den Fernsehbühnen und in den Radiostudios unterwegs, seit 2019 als Moderator bei der Ostseewelle in Mecklenburg-Vorpommern. *Auf Sendung!* ist sein erstes Buch.

Jürgen Karney

AUF SENDUNG!

Die Autobiografie

Bild und Heimat

Sämtliche Abbildungen stammen aus dem Privatarchiv von Jürgen Karney. Es war leider nicht in allen Fällen möglich, die Rechteinhaber zu ermitteln. Berechtigte Ansprüche bleiben gewahrt.

ISBN 978-3-95958-234-6

1. Auflage

Umschlaggestaltung: fuxbux, Berlin
Umschlagabbildung: Christiane Karney (groß)
Druck und Bindung: GGP Media GmbH, Pößneck

Ein Verlagsverzeichnis schicken wir Ihnen gern:
BEBUG mbH / Verlag Bild und Heimat
Alexanderstr. 1
10178 Berlin
Tel. 030 / 206 109 – 0

www.bild-und-heimat.de

Das magische Auge

Wie der durchdringende Blick eines Zyklopen zog mich als Kind das grüne Auge unseres Radiomöbels magisch in seinen Bann. Lange bevor das Fernsehgerät in unserer kleinen Mansardenwohnung in Berlin-Johannisthal, in der meine kleine Schwester, meine Mutter und ich lebten, die Macht übernahm, war diese Musiktruhe im Wohnzimmer für mich der Quell unendlicher Freude und Fantasien.

Wenn ich Auge in Auge gegenüber dem Radio saß und gebannt zuhörte, dann flogen meine Gedanken wie in einem Tunnel durch das leuchtende Grün in die weite Welt, von der ich als Kind freilich nur ahnte, wie vielseitig sie ist. Im Alter von sechs oder sieben Jahren entstanden in meinem Kopf aufregende Bilder, in denen ich mir ausmalte, wie die Musiker zusammensitzen und ein Ansager ihnen sagt, was sie zu spielen haben. In meinem Kindskopf stellte ich mir vor, wie »Onkel Tobias vom RIAS« aussieht und wie der Kasper herumtollt, der pünktlich jeden Sonntag Teil dieser Kindersendung war, die ich nie versäumte.

Inspiriert von den Sendungen im Radio, ging meine Fantasie mit mir durch. In meinen Gedanken war, wie im Radio, alles möglich und ich liebte es, mir lebhaft die Dinge so vorzustellen, wie ich sie haben wollte, und wenn ich etwas von dem Gehörten nicht verstand, dann suchte ich mir die Erklärungen in meiner selbsterdachten Welt. Da fand sich immer etwas Passendes. Ich neige bis heute zur Übertreibung und zum detailreichen Ausschmücken, wenn ich Erlebnisse wiedergebe – das ist keine böse Absicht oder weil ich ein Aufschneider bin, das dient nur der Unterstützung der Geschichte.

Zum Beispiel erinnere ich mich, dass immer nach den

Lottozahlen der Satz gesagt wurde: »Für die Richtigkeit … übernehmen wir keine Gewähr.« Ich fragte mich mit sieben Jahren: Was hat ein Gewehr mit den Lottozahlen zu tun? Meine Erklärung war ganz einfach: Sie sagen uns die Lottozahlen, würden sie aber niemals mit der Waffe (einem Gewehr) verteidigen, wenn es mal Streit darüber gibt. Nicht nur in meiner kindlichen Welt logisch, oder?

Niemals bin ich auf die Idee gekommen, die Musiktruhe aufzuschrauben, um die kleinen Orchester und die Sprecher im Inneren des Gerätes zu suchen. Manche der Kinder in meiner Clique, mit denen ich mich damals über das Phänomen austauschte, vertraten die Meinung, da, in dem Kasten, sei alles drin – irgendwie. Nun, in den frühen Tagen des Radios in Berlin gab es in Hans Rosenthals wöchentlicher Ratesendung »Wer fragt, gewinnt« einen »Zwerg Allwissend«, der hätte es uns sicher erklären können. Der war aber nicht erreichbar. Mir war schon bewusst, dass der nicht gemeinsam mit Hans Rosenthal und seinem Publikum in unserem Radioapparat sitzt. Natürlich konnte ich als Kind den anderen nicht erklären, wie es funktioniert, aber es musste mit dem grünen Auge zu tun haben, dass all diese spannenden, lustigen und nicht selten für mich auch unverständlichen Sachen in unser Radio gelangten.

Aber nicht nur die technische Lösung schien mir spannend, sondern mehr und mehr auch die Frage: Was passiert da in meinem, und sicher nicht nur in meinem, Kopf, wenn ich Radio höre? Je älter ich wurde, insbesondere während der Pubertät, als Hormonausschüttungen und Mädchen die Steuerung übernahmen, fragte ich mich, wie gelingt es den Moderatoren, diese Betroffenheit und die unterschiedlichen Stimmungen zu erzeugen? Liegt es nur an dem, was sie sagen, oder hat es auch damit zu tun, *wie* sie es sagen? Es gab seinerzeit eine Reihe von Persönlichkeiten im Radio, die es mit ihrer ganz eigenen, unverwechselbaren Strahlkraft meiner Meinung nach besonders gut vom Ohr ins Herz schafften. Denen wollte ich nacheifern. Kurz, es wuchs die Lust darauf, es selbst zu versuchen. Nein, nicht versuchen, sondern machen! Natürlich gebe ich zu, den Gedanken an eine große Bekanntheit als Radiomoderator, möglicherweise sogar Beliebtheit, mochte ich auch sehr, und da es weder RTL noch »Supertalent« gab, musste ich einen anderen Weg zum Ruhm finden.

So habe ich in der ersten Hälfte meines Lebens unter stiller Akzeptanz des antifaschistischen Schutzwalls viele Möglichkeiten ausgelotet, Chancen genutzt und dabei reichlich Erfahrungen gesammelt. Getreu dem Lied der Freien Deutschen Jugend »Du hast ja ein Ziel vor den Augen« habe ich immer in meinem Sinne pragmatisch entschieden. Nach dem Zusammenbruch des Systems, in dem ich mich gut zurechtgefunden und bequem eingerichtet hatte, war es meine zielgerichtete Entschlossenheit, gepaart mit fast schon unbedarfter Unerschrockenheit, die mich antrieb, neue Herausforderungen zu suchen.

Jeder, der keine Funkwellenallergie oder chronische Abneigung gegen Musik und Unterhaltung hat, verbrachte sicher wie ich Stunden seiner Jugend vor dem Radioapparat. Das hat uns alle geprägt. Im Allgemeinen bekommt man einen Tinnitus durch zu lange laute Beschallung. Mein Ohrgeräusch war die Folge des exzessiven Hörens von Radio Luxemburg auf Kurzwelle. Selbst dieser permanente Pfeifton, der ein technisches Phänomen der Kurzwelle ist, schreckte mich nicht ab. Schon während ich noch mit Bausteinen Fliegengefängnisse baute, hörte ich »Die großen Acht« von

Radio Luxemburg. Dort spielten sie die Songs, die sich in mein Gedächtnis eingebrannt haben und mich auf die eine oder andere Weise mein ganzes Leben lang begleiten. Chris Andrews' »Yesterday Man« ist ein solcher Song, den ich mit zwölf Jahren zum ersten Mal hörte und der mir seitdem immer wieder über den Weg läuft. Aufgrund meines Jobs habe ich mittlerweile die Handynummer von Chris und kann ihn anrufen, damit er zur Hochzeit meines Freundes Claudius mit Belinda seinen Hit »Pretty Belinda« singt – ohne diesen Piepton von Radio Luxemburg.

Auch wenn ich später einige Umwege über das Fernsehen und unzählige Bühnen gemacht habe, so bin ich in meinem Leben stets mit dem Radio verbunden gewesen. Die Faszination und Leidenschaft für dieses authentische Medium setzt sich immer wieder durch. Menschen einfach unterhalten ohne das lästige Drumherum, wie ich es beim Fernsehen kennengelernt habe. Der Fantasie der Hörer Raum geben ohne wortreiches, mitunter inhaltsloses Gerede. Einfach Spaß bereiten, positives Karma wirken lassen und die geilsten Songs der Welt spielen, so stelle ich mir das vor.

Meine Entscheidung nach der Wende, mich mit meinen im Staatsfunk gesammelten Erfahrungen konsequent dem kommerziellen Rundfunk zuzuwenden, war meiner Ungeduld und meinem Entdeckergeist geschuldet. Mit Mitte dreißig in eine Anstalt (des öffentlichen Rechts) zu gehen schien mir zu früh und meinem Enthusiasmus nicht angemessen. Wenn schon Kapitalismus, dann richtig; zu erleben, wie Journalismus und Unterhaltung unter kommerziellen Aspekten zu gestalten sind, fand ich eine viel spannendere und vielversprechende Aussicht.

Im Senderranking geht es um die vorderen Plätze – *to*

be on top ist unser Job. Um eine gute Quote in monetären Erfolg umzusetzen, gibt es raffinierte Kniffe und Tricks, Ihnen, den Hörerinnen und Hörern, in der Vielfalt der Sender zu helfen, Ihre Lieblingsstation zu lokalisieren. Selbstverständlich arbeiten die meisten Kollegen bei öffentlich-rechtlichen Anstalten nicht weniger engagiert, sie sind allerdings personell und finanziell erheblich besser ausgestattet. Dieses Ungleichgewicht habe ich stets sportlich gesehen und Mangel an Etat mit Überschuss an Ideen auszugleichen gesucht. Radiofans finden auf den folgenden Seiten oder zwischen den Zeilen sicher einiges bestätigt, was sie schon immer geahnt haben vom Handwerk der Radiomacher. Oder sie staunen über unsere Spitzfindigkeit, wie wir mit guter Laune, der richtigen Musik und der Unterstützung der Hörerschaft an die Spitze der Quoten kommen wollen. Auch wenn das »magische grüne Auge« derweil von digitalen Radio-Datenbanken und -Apps abgelöst wurde, so bleibt neben der Musik doch immer die individuelle Ansprechhaltung der Moderatoren mit ihren wohlklingenden Stimmen, die uns emotional abholen, führen und verführen.

Seit vielen Jahren arbeite ich nun bei verschiedenen, vor allem privaten Radiosendern als Manager, Moderator, Programmdirektor und Berater. Zwei Sender waren nicht nur Meilensteine in meinem Leben, sondern auch in der deutsch-deutschen Medienhistorie. Zum einen BB Radio mit seiner Erfolgsgeschichte als private Landeswelle Berlin-Brandenburg in Potsdam, zum anderen der DDR-Sender Berliner Rundfunk, der gemäß Einigungsvertrag Ende 1991 abgewickelt und privatisiert wurde. Zunächst nur als fixe Idee entstanden, diesen traditionsreichen Sender als Privatradio mit dem alten Namen weiterzuführen, wurde daraus die beruflich und menschlich spannendste Zeit meines Lebens, über die ich in diesem Buch erstmals berichte.

Um die Geduld beim Lesen nicht über Gebühr zu strapazieren, habe ich meine Erlebnisse so aufgeschrieben, wie ich sie für eine Radiosendung aufbereitet hätte. Fast alle sind in einer Minute und dreißig Sekunden erzählt beziehungsweise gelesen, zumindest soll es so wirken.

Einsdreißig ist die angestrebte Länge eines Moderationsbreaks, um viel Zeit für Musik zu lassen. »Du darfst über alles reden, nur nicht über einsdreißig«, lautet eine Redensart bei uns Radioleuten.

Das hat für Sie den Vorteil, dass Sie wissen, wie viel Zeit Sie ungefähr brauchen, um die Kapitel zu lesen. Da können Sie ganz entspannt Ihrem Tagesablauf folgen, und wer es richtig gut machen will, spielt sich seine Lieblingssongs dazwischen oder greift auf meine Song-Tipps zurück. Diese Hits können Sie zurück in die Vergangenheit beamen, und wenn Ihr musikalisches Gedächtnis aktiviert ist, haben meine und Ihre Erinnerungen sofort einen gemeinsamen emotionalen Rahmen.

Der Vorteil für mich ist, ich mache nichts anderes, als so zu formulieren, als wäre ich *Auf Sendung!*. Denn wenn ich gut Features oder ausführliche Monologe verfassen könnte, wäre ich nicht bei privaten Radiostationen mit viel Musik, sondern bei bedeutend anspruchsvolleren Kulturradios gelandet oder ich hätte womöglich ein ernstzunehmendes Buch geschrieben.

Die Würde und das Mittagessen des Menschen

Heute predigen Radiomacher und Berater, also auch ich, vom Stellenwert und der Notwendigkeit der Zuverlässigkeit im Radio. Auch wenn ich es als Kind so nicht hätte sagen können, spürte ich doch zeitig, dass die Verlässlichkeit des Radioprogramms eine echte Orientierung ist. Meine Mutter richtete Anfang der sechziger Jahre oft unseren Tagesablauf nach dem Radioprogramm aus. Sonntagvormittag zum Beispiel gab es immer dasselbe Ritual. Erst »Onkel Tobias vom RIAS« Fritz Genschow, danach die »Stimme der Kritik« Friedrich Luft und dann dieses Glockengeläut, von dem ich heute natürlich weiß, dass es von der Freiheitsglocke im Turm des Rathauses Schöneberg ist. Eine markante Stimme rezitierte das dazugehörige Freiheitsgelöbnis: »Ich glaube an die Unantastbarkeit und an die Würde jedes einzelnen Menschen ...« Mahlzeit, das war bei uns das Zeichen fürs Mittagessen.

Das Radio lief den ganzen Tag. Für meine Mutter war es die einzige Abwechslung und die akustische Verbindung zu einer Welt, zu der man ihr den Zutritt verwehrt hatte. Durch den Mauerbau 1961 war sie nicht nur von ihrer Familie in Westberlin getrennt worden, sie war wie viele andere auch intellektuell gefangen in einem Staat, dessen Informationspolitik propagandistisch war.

Mutter hatte nach der Scheidung von meinem Vater eine Heimarbeit gefunden und fertigte Lampenschirme. Ich sehe sie noch mit einem Drahtgestell auf dem Schoß, um das sie geschickt bunte Plastikstreifen wickelte, mit denen meine jüngere Schwester und ich oft zweckentfremdet gespielt haben. Sie saß wegen ihrer Schwerhörigkeit in einem Sessel direkt neben dem Lautsprecher der Musiktruhe.

Die Lautstärke gerade so geregelt, dass niemand im Haus hören konnte, welcher Sender lief, denn Westradio zu hören war nicht erwünscht in meinem Heimatland. Brisant, direkt unter uns wohnten Genossen der führenden Arbeiter-und-Bauern-Partei, die das Hören von Westsendern und das Sehen westdeutscher Fernsehprogramme nicht tolerierten und vermutlich zum Denunzieren neigten. Unter Umständen führte die Entdeckung, Westradio zu hören, in den sechziger Jahren noch zu strengen Strafmaßnahmen, die uns allerdings wegen der strikten Schleichfahrt erspart blieben.

Auf meinen persönlichen Forschungsreisen durch den Äther führte mich das grüne Licht. Füllte es leuchtend das Auge aus, war kristallklarer Empfang. Beim Durchdrehen der Radioskala entdeckte ich natürlich auch Heinz Quermann und seine »Schlagerrevue«, eine Sendung des Rundfunks der DDR. Mir war nicht bewusst und in dem Alter sicher auch egal, aus welchem Teil Deutschlands das Programm kommt. Was mir gefiel, habe ich gehört. So kam es auch zu meinem ersten unschuldigen Kontakt mit dem Berliner Rundfunk, an dessen Überleben als Privatsender ich in einem neuen Deutschland vierunddreißig Jahre später maßgeblich beteiligt sein sollte – als Programmdirektor und Moderator. Aber ich will nicht vorgreifen, bleiben Sie dran.

Manuela »Schuld war nur der Bossa Nova« (1963)
Connie Francis »Barcarole in der Nacht« (1963)
Bill Ramsey »Zuckerpuppe« (1961)

Vom Ohr ins Herz

Die allergrößte Faszination übten Anfang der sechziger Jahre neben all den Schlagern, die ich hörte, die Live-Übertragungen von der Friedensfahrt und die Ratesendungen von Hans Rosenthal auf mich aus. Reporter am Rande der Strecke, die mich so in den Bann zogen, die die Spannung der Verfolgungsjagden voller Leidenschaft so beschrieben, dass ich glaubte, dabei zu sein. Das hat mich stark beeindruckt und fasziniert. Ich sah »Täve« Schur und Klaus Ampler vor meinem geistigen Auge von Etappe zu Etappe radeln, ich malte mir aus, wie sie strampeln und schwitzen, wie sie kämpfen und siegen. Tausende Zuschauer an der Straße – was musste das für eine Begeisterung sein. Die Bilder in meinem Kopf überschlugen sich wie die Stimme von Heinz Florian Oertel. Ich konnte die Augen schließen und stand mittendrin. Vom Ohr direkt ins Herz dank dieses sprachgewandten Reporters, der zudem alles über Sportler, Strecke, Städte und den Wettbewerb wusste.

Dann waren da die regelmäßigen Sendungen von Hans Rosenthal, der übrigens seine Radiokarriere 1945 beim sowjetisch kontrollierten Berliner Rundfunk begonnen hatte. Seine zurückhaltende Freundlichkeit gegenüber seinen Spielkandidaten ist mir am meisten in Erinnerung geblieben. Er führte souverän und unprätentiös durch diese spannende unterhaltsame Sendung, immer unterstützt vom »Zwerg Allwissend«. Der kannte alle Lösungen und meine Fantasie spielte verrückt.

Vielleicht kommt meine Lust, mich detailreich und auf eine gewisse Dramaturgie bedacht mitzuteilen, aus dieser Zeit und steht unter dem Einfluss, den die Reporter, Moderatoren und Unterhalter auf mich ausübten. Gut möglich, dass die Initialzündung, selbst ans Mikrofon zu treten, im Schneidersitz vor unserem Radiomöbel erfolgte.

Wenn ich im Freundes- oder Kollegenkreis einmal in Fahrt bin, wirke ich auch privat oft wie *Auf Sendung!*. Aufgedreht und nicht zu bremsen, bis ich meine Geschichte mit viel Körpereinsatz zu Ende erzählt habe.

So wie während meiner Schulzeit mein exzessiver Radiokonsum einen großen Einfluss auf meine Tagesabläufe hatte, wurde auch die Qualität meiner Hausaufgaben stark davon beeinflusst. Multitasking war noch kein Thema und so konzentrierte ich mich wohl mehr auf das Radioprogramm als darauf, ein Musterschüler mit mustergültigen Hausaufgaben zu werden. Das änderte sich kurzzeitig, als ich in meine Klassenlehrerin verliebt war, aber das ist eine ganz andere Geschichte, die keine nennenswerte Pointe hat.

Dorthe »Sind Sie der Graf von Luxemburg?« (1968)
Lale Andersen »Ein Schiff wird kommen« (1960)
Bärbel Wachholz »Damals« (1959)

Wenn Cowboys träumen

Werktags gehörten viele Abende – es gab noch immer keinen Fernseher in unserem Haushalt – dem Beisammensein am Radio. Zweimal in der Woche gab es die »Schlager der Woche« bei RIAS Berlin. Montag- und Freitagabend zwanzig Uhr waren für mich die Höhepunkte unserer gemeinsamen Radioerlebnisse.

Ich lag auf der Couch, Mutter wickelte Lampenschirme und wir schwelgten in der Welt von »Schöner fremder Mann« mit Connie Francis. Ich stellte mir mit Ronny vor, wie ein Pferdehalfter an der Wand hängt, und fragte mich, ob ich je wie Freddy Quinn die Welt besegeln könne. Was ja heute tatsächlich passiert, nur dass Freddy Quinn dabei keine Rolle mehr spielt. Unvergessene Pioniere des deutschen Schlagers trällerten ihre, selbst für mich als Kind, albernen Texte und bedienten zumindest Mutters Musikgeschmack. Gus Backus: »Mein Schimmel wartet im Himmel«, »Da sprach der alte Häuptling der Indianer«. Für mich stellte sich die Welt hinter der Mauer als endlose Steppe mit entweder liebeskranken oder völlig durchgeknallten Cowboys und Indianern dar.

Klar fand ich bisweilen auch Gefallen an den lustigen Liedern, auch wenn ich den Sinn oft nicht verstand. So gab es keine plausible Erklärung für mich, warum zwei kleine Italiener Sehnsucht nach zu Hause haben, während andere schick und fein in den Süden reisen. Mutter hat den Kontext mit den italienischen Gastarbeitern, die ihr Glück fern der Heimat suchten, vielleicht verstanden. Für mich blieb es lange ein Geheimnis. Für welche kindliche Verwirrung die Titel von Bill Ramsey »Pigalle ... die große Mausefalle mitten in Paris« und »die Zuckerpuppe aus der Bauchtanztruppe« bei mir sorgten, kann man sich gut vorstellen. Trotz derartiger kleiner Missverständnisse pflegten wir trautes Einvernehmen bei Musikgenuss aus dem Radio, bis zu jenem Tag im Jahre 1964, an dem sich alles änderte.

Zum ersten Mal hörten wir The Beatles. »Komm, gib mir deine Hand«. Mutter war entsetzt und prophezeite, dass sich so etwas nie durchsetzen werde, ja, nicht durchsetzen dürfe. Es löste einen ernsten innerlichen Konflikt bei mir aus. Konnte ich eingestehen, dass mir das so sehr viel besser gefiel als »Wenn die Cowboys träumen«? Sollte uns ausgerechnet das Radio, dem wir so viele gemeinsame Erlebnisse zu verdanken hatten, entzweien?

Ich kam etwa im Alter von etwa elf Jahren dahinter, dass Mutter grundsätzlich und überhaupt nicht immer recht hat und dass ein eigener Musikgeschmack ein starker Motor ist, selbstbestimmt die Dinge anzugehen. So wie es fast jeder kennt, stieg ich in den Augen meiner Mutter auf den Status »unverbesserlich« und »enttäuschend« ab, aber die Musik war's wert. Ich empfand die Beatles und alles, was danach an Beatmusik folgte, schlicht als Erfüllung und als etwas, von dem ich bis zu dem Augenblick gar nicht gewusst hatte, dass es so großartig ist und man es haben muss.

Dieser Erkenntnis folgte bald eine langsam beginnende Pubertät und es traten nicht nur in Bezug auf Radiokonsum noch weitere mehr oder weniger leidenschaftlich ausgetragene Meinungsverschiedenheiten auf. Hierbei spielte insbesondere auch die Länge der Haare eine entscheidende Rolle. Meine Mutter machte allen Diskussionen ein Ende. Sie schenkte mir zu meinem vierzehnten Geburtstag ein eigenes Transistorradio, ein Mikki 2, und schnitt im Gegenzug regelmäßig meine Haare kurz. Der erste Deal meines Lebens zugunsten des Radios.

The Beatles »Komm, gib mir deine Hand« (1964)
Cliff Richard »Rote Lippen soll man küssen« (1963)
Tommy Roe »Sheila« (1963)

Regenrinnenradio und Plattenfräse

Die große Musiktruhe »Radio Stassfurt«, das hölzerne Herzstück unseres Wohnzimmers, konnte oben aufgeklappt werden und offenbarte dann eine Wunderwelt an technischen Raffinessen. Sobald meine Neugier mich leichtsinnig werden ließ und ich körperlich dazu in der Lage war, hob ich diesen Schatz. Dazu waren einige vorbereitende Maßnahmen nötig, die meine Mutter nicht erfreuten, denn sie hatte dort gehäkelte Platzdeckchen, einen sogenannten Rauchverzehrer – einen bunten Papagei aus Porzellan – sowie das Telefon und diversen Trödel platziert. Es war offensichtlich, dass das Innenleben unseres Musikcenters verborgen bleiben sollte. Das gestaltete die Sache natürlich nur noch spannender und weckte kühnste Erwartungen.

Meine Fantasie war stark angeregt und ich wurde belohnt mit der Entdeckung eines Tonbandgerätes. Nachkriegsmodell wie aus einem Stück Kruppstahl geschlagen mit sehr stabilen Umlegeschaltern, die nur mit äußerster Kraftanstrengung bewegt werden konnten und dabei einen Heidenlärm machten. Unser Gerät spielte leider nur ab und zeichnete nichts auf. Die Aufnahmen auf den vorhandenen drei Tonbändern hatte ich schnell als unbrauchbar abgetan und die Höllenmaschine verschwand aus meinem Fokus. Vorerst.

Weitere technische Details, die maßgeblich meinen Erfindergeist beflügelten, waren ein Mikrofon und ein Paar Kopfhörer. Während ich mit dem Mikrofon zu meinem allergrößten Bedauern zunächst nichts anfangen konnte, entdeckte ich etwas Großartiges. Wenn ich die nackten Drähte des Kopfhörers an Regenrinne und Fallrohr an der Hauswand hielt, konnte ich tatsächlich Radio hören. Der Sender in Britz (jenseits, aber in unmittelbarer Nähe der Grenze) war in Berlin-Johannisthal tatsächlich auf diesem Weg zu hören.

Der Clou des Musikschrankes aber war ein Aufsatz, bestehend aus einer runden Sprelacart-Scheibe mit einer Filzplatte. Beides wurde auf die Tonbandspulen aufgesetzt und drehte sich. Es entstand ein Plattenspieler. Großartig. Musik wiedergeben, wann immer ich will, was immer ich will, soweit als Schallplatte vorhanden. Leider war die Auswahl an Scheiben nicht groß, aber das konnte ich ja ändern, der Mensch braucht Ziele.

Beim Abspielen bemerkte ich später, dass wenn man den Tonarm auf eine Platte legte, man jedes Mal befürchten musste, dass wegen des Gewichtes des Tonarmes ein Span abgehoben wird. Meine wenigen Versuchsschallplatten waren recht schnell nahezu plan geschliffen. Schallplatten von Herb Alpert und Trini Lopez wurden auf diese Weise von mir unbrauchbar gemacht. Schulfreunde liehen mir nur einmal die Alben ihrer Eltern. Was schon ein großer Vertrauensbeweis war, denn in der DDR waren Schallplatten mit Westkünstlern wahre Schätze, schwarzes Gold. Doch nach Rückgabe und Begutachtung der seltenen Stücke wurde meinen Freunden für alle Zukunft strengstens untersagt, mir Schallplatten zu borgen.

Herb Alpert »Tijuana Taxi« (1965)
Trini Lopez »If I Had a Hammer« (1963)
Peggy March »Mit siebzehn hat man noch Träume« (1965)

Das weiße Album

Prägend für meine spätere musikalische Ausrichtung war, wie erwähnt, die Musik der Beatles. Eines schönen Tages, ich preise ihn noch heute, brachte der Vater eines Schulfreundes, ein damals sehr berühmter Regisseur, seinem Sohn das »Weiße Album« von einer Reise in den Westen mit. Eine meiner stärksten und detailreichsten Erinnerungen, die die Wertschätzung für diesen Tonträger, besser: für diesen Emotionsträger beschreibt, geht zurück auf den Moment, als dieses Album auf dem Tisch lag.

Noch heute spricht allein der Gedanke an das synästhetische Erlebnis alle meine Sinne an. Der Moment, einen heißersehnten, nahezu unerreichbaren Schatz wie dieses original Beatles-Album in der Hand zu halten, hat irreparable Schäden an meinen Synapsen verursacht.

Optisch bildet seine Hülle die ungewöhnlichste Schallplattenverpackung, die ich bis dahin je gesehen hatte und die sie bis heute ist. Nur weiß, ein sauberes, reines, glänzendes Weiß. Ein Westweiß. Das gab es im Osten nicht. Der geprägte Name der Band The Beatles hob sich darauf ab. Man konnte ihn sehen *und* fühlen. Beim Aufklappen des Albums entströmte sofort dieser unbekannte, aber sehr angenehme Geruch von frisch bedruckter Pappe. Das steigerte weitere Erwartungen. Dann die Entdeckung der vier großformatigen Farbporträts der Musiker, deren Wirkung durch das strahlende, leere Weiß noch verstärkt wurde.

Wenn man das Glück hat, eine Langspielplatte als Erster aus der Innenhülle herauszunehmen, dann knistert es durch die elektrostatische Aufladung etwas. Das innere Schutzpapier haftet an dem schwarzen Vinyl, und intuitiv liegt der Mittelfinger in der Mitte am Loch und die anderen Finger balancieren die Scheibe aus, während der Daumen am Rand das Kunstwerk in der Waagerechten hält. Bloß nicht die Rille berühren! Erst dann kommt die zweite Hand zum Zuge, man führt mit fiebriger Erwartung das Loch der Scheibe in die Mitte des Plattentellers, über den Metallstift, lässt los, so dass die Platte sich senkt, bis sie auf dem Teller liegt. Jetzt kommt die heiße Phase. Während die Platte sich dreht, schwebt der Tonarm über dem Anfang der Rille, der Abspielstichel senkt sich langsam und dann nimmt man dieses raumfüllende, den Verstärker und die Boxen extrem fordernde Nichts wahr. Der Klang einer noch leeren Rille schärft die Sinne, lässt einen sich auf das fixieren, was kommt. In unserem Fall ein startendes Flugzeug, das immer lauter wird, einsetzende Instrumente und John Lennon singt »Back in the U.S.S.R«. Für mich hat der Klick beim Download einer Musikdatei oder beim Streamen eines Songs nicht annähernd diese emotionale Wirkung.

Sicher werden sich viele an die Frage erinnern, die in der Clique gestellt wurde: Beatles oder Rolling Stones? In meinen Teenagertagen gab es zwei musikalische Lager und nur ein Bekenntnis. Hiermit habe ich eindeutige Stellung bezogen. Beatles. Unter uns: Natürlich stehen schon lange auch Stones-Platten bei mir im Regal.

In jener Zeit der Entdeckung von Rockmusik als Gesamtkunstwerk bemerkte ich übrigens, dass gemeinschaftliches Musikhören samt dem Diskutieren darüber den Genuss noch steigern kann, das Erlebnis verstärkt und letztendlich nicht dümmer macht. Fortan spielte also auch die Auseinandersetzung mit Texten eine große Rolle in meiner musischen Entwicklung.

The Beatles »Back in the U.S.S.R.« (1968)
The Rolling Stones »Satisfaction« (1965)
Manfred Mann »Mighty Quinn« (1968)

Mikki 2 immer dabei

Viele werden sagen: »Ja, hatte ich auch« – das kleine praktische Transistorradio Mikki 2. Bestens geeignet, um im Bett durch die Daunen des Kopfkissens hindurch die halbe Nacht Radio zu hören. Soldatensender 935, RIAS, Sender Freies Berlin (SFB) oder Bayerischen Rundfunk. Damals spielten die wenigen Radiostationen nicht wie heute den ganzen Tag diese eine Art Musik, die man hören wollte, sondern nur zu bestimmten Zeiten. Eine Übersättigung mit aktueller Musik fand nicht statt, die Wertschätzung von Songs und Interpreten war weitaus höher, als es heutzutage der Fall ist.

Freunde von mir trugen ihr Kofferradio demonstrativ mit einer voll ausgezogenen Stabantenne liebevoll im Arm durch die Straßen, während ich mehr aus meiner Jackentasche heraus agierte. Mein Mittelwellenradio war unwesentlich größer als eine Zigarettenschachtel. Eine in rotem Kunstleder eingebundene Mikki-2-Geheimstation mit Mittelwellenempfang. Hätte das mit den alten Kopfhörern funktioniert, wäre ich Vorreiter der heutigen Ohrgestöpselten geworden.

Neben vielen zu klärenden Problemen, wie sie pubertierende Jungs in Ost und West gleichermaßen teilten, beschäftigte ich mich tatsächlich mit allen Informationen über die Bands, deren Musik ich, wann immer es ging, einsog. Als willkommene Unterstützung für meine Recherchen erwies sich ein Schwarzweißfernseher aus dem VEB Rafena, der zwischenzeitlich angeschafft worden war.

Durch den »Beat-Club«, eine TV-Produktion von Radio Bremen, bekamen meine Idole Gesichter, London wurde greifbarer und ich verknallte mich in die Moderatorin Uschi Nerke. Trotz der Vielfalt der Bilder und der vielen neuen Eindrücke: Fernsehmoderator wollte ich nicht werden, die Faszination für das Radio konnte mir auch der »Beat-Club« nicht nehmen.

Mit großem Eifer lernte ich Bandnamen wie Dave Dee, Dozy, Beaky, Mick & Tich korrekt auszusprechen. Das beeindruckte, bildete ich mir ein, als zukünftiger Radiosprecher musste ich das draufhaben. Aufgeschrieben habe ich mir alles Englische rein phonetisch. Also der Song von The Monkees »I'm a Believer« stand bei mir als: »Eimer Beliewer«, denn ich notierte mir die wöchentlichen Hitparaden-Platzierungen natürlich.

Eine in diesem Zusammenhang wichtige Frage trug ich direkt zu meiner Englischlehrerin: »Was bedeutet *bad moon rising*?« Diesen Song habe ich geliebt und wegen dieser und ähnlicher Unklarheiten nahm ich es freiwillig auf mich, mit wenigen anderen zu nachtschlafender Zeit in die Schule zu gehen, um Englisch zu lernen. Russisch gab es zu moderaten Zeiten und war Pflicht, aber es war nicht die Sprache des Rock 'n' Roll – Pech für den »großen Bruder« in der Sowjetunion.

Die verschlagene Genossin Englischlehrerin ahnte, woher meine Neugier rührte, und statt einer Antwort hielt sie mir einen Vortrag über den Unsinn englischer Beatmusik, was ihrer Meinung nach mit »Bad Moon Rising« von einer Band, die sich den unsinnigen Namen Creedence Clearwater Revival gegeben hatte, wohl mehr als hinlänglich erwiesen sei.

Creedence Clearwater Revival »Bad Moon Rising« (1969)
Herman's Hermits »No Milk Today« (1966)
The Equals »Baby, Come Back« (1966)

Ausspielen, nicht reinquatschen!

Aufnahme in den Kreis der Erwachsenen. Während dieses Prozedere bei der evangelischen Kirche in der Konfirmation vollendet wird, konzentriert sich bei Atheisten alles auf die Jugendweihe. Meine Mutter hat mir sicherheitshalber beides zukommen lassen. Das bedeutete, dass ich meinen ersten guten Anzug gleich an zwei Sonntagen tragen durfte beziehungsweise musste. Einmal in der Kirche und das zweite Mal im Mehrzwecksaal der Akademie der Wissenschaften in Berlin-Adlershof. Kirche und Staat geizten beide nicht mit guten Ratschlägen, Warnungen und Verheißungen für das Leben als Erwachsener. Legendär und gern zitiert in diesem Zusammenhang das Geschenk des Staates an seine junge Kampfreserve, bis Mitte der 1970er Jahre das Buch: *Weltall – Erde – Mensch*, mit einem Vorwort von Walter Ulbricht. Da haben sich alle wie irre drauf gefreut.

Zwingend zur Weihe erwartete die Jugend ein Geschenk von den bereits Erwachsenen. Wenn möglich, ein großes

Geschenk, eines, mit dem man seine Klassenkameraden ausstechen konnte. Eltern und Verwandtschaft teilten oft diesen Ehrgeiz und übernahmen sich, nur um sich gegenseitig zu übertreffen. Bevor also die jungen Hoffnungsträger der Gesellschaft über Nacht zu allseits gebildeten sozialistischen Persönlichkeiten wurden, durften sie noch mal egoistisch und richtig gierig sein.

Neben dem Moped »Schwalbe« oder einem tragbaren Kofferradio gehörte die Erlaubnis, sich mörderisch zu besaufen, zu den weitverbreiteten Präsenten zur Jugendweihe. So war der erste Tag des Erwachsenseins eine herbe Enttäuschung. Man hatte Kopfschmerzen und die Pubertätspickel waren auch noch da, aber es gab ja zum Glück das handfeste Geschenk fürs Leben. Meines war ein ZK 120.

ZK, das war bei uns im Osten das Kürzel für Zentralkomitee, gemeint war das ZK der führenden Partei. ZK 120 ist nun keine Anspielung auf das Mindestalter der Genossen im obersten Gremium des Staatsapparates, sondern der Name eines polnischen Tonbandgerätes. Meiner Meinung nach sehr geschickt hatte ich in den Wochen vor dem großen Tag der Konfirmation meinen innigsten Wunsch nach einem Tonbandgerät immer wieder neu, überraschend und konsequent fallenlassen. Entweder hatte Gott mich tatsächlich erhört oder meine Mutter wollte mir einfach eine Freude machen – ich bekam das Gerät. Gern denke ich an die vielen Stunden mit Lötkolben und Diodenkabel zurück, in denen meine Freunde und ich unsere Lieblingssongs von einem zum anderen Gerät überspielten. Wir waren die Pioniere des analogen Downloads und jeder war verpflichtet, wann immer es ging, am Radio zu hängen und neue Titel aufzunehmen. Nimm auf, was du kriegen kannst! Das war die »Message der Meister von Morgen«.

Fast alle Songs begannen mit einem »Blublawlbls«, das entstand, wenn das Band bei der Aufnahme nicht ganz straff gespannt war. Unvermeidlich am Ende fast jedes Songs die Absage von Lord Knud oder einem anderen Moderator. Wie haben wir dieses Reinquasseln am Ende der Lieder gehasst! Beim RIAS hat man das schnell spitzbekommen und dann haben sie immer alles ausgespielt. »Zum Mitschneiden für die Brüder und Schwestern im Osten.« Kleine Geste, große Wirkung. Wer auf Feedback seiner Hörer reagiert und sie ernst nimmt, gewinnt die Herzen.

Bei einer Fete habe ich zum ersten Mal aufgelegt, wie man heute sagt – Musik zum Tanzen gespielt und gemerkt, dass ich ein ganz gutes Händchen hatte für die Auswahl und die Stimmung, die ich gut mit meiner Musikfolge steuern konnte. Als wäre es gestern gewesen, erinnere ich mich an die Hits des Abends: »Ain't She Sweet« von den Beatles war bei AMIGA als Platte erschienen und eine Single, die mir meine Verwandten aus Westberlin zwischen Waschpulver und Kaffee geschickt hatten: »Venus« von Shocking Blue. Leider legte ich das kostbare Vinyl in der Hektik auf einem Röhrenverstärker ab und so sah die Scheibe bald aus wie die zerrinnenden Uhren auf Salvador Dalís berühmtem Gemälde. Wen wundert's, dass ich später Schallplattenunterhalter wurde.

Apropos Pubertät – mit Freunden versuchte ich damals auch, den Song »Barbara Ann« von den Beach Boys zu singen und aufzunehmen. Das alte Mikrofon aus Mutters Musiktruhe hing an der Deckenlampe im Wohnzimmer und vier völlig naive, aber begeisterte Jungs haben drum herumgestanden und sich viel Mühe gegeben, einen großartigen Song a cappella zu singen. Doch wer im Musikunterricht »Spaniens Himmel« nicht singen kann, versagt auch bei »Ba Ba Ba Ba – Barbara Ann«.

The Beach Boys »Barbara Ann« (1966)
Shocking Blue »Venus« (1969)
The Archies »Sugar, Sugar« (1969)

Ferienspaß mit Sendepass

Eine einmalige Chance, meine musikredaktionellen und rhetorischen Fähigkeiten tatsächlich einem größeren Kreis von Zuhörern zu präsentieren, ergab sich während meiner allerletzten Schulferien nach Abschluss der zehnten Klasse.

Der letzte freie Platz in der Erweiterten Oberschule, auf der ich das Abitur machen wollte, war an meinen Freund mit dem »Weißen Album« und dem berühmten Vater trotz schlechterer Noten vergeben worden. Tür zu, neue Tür auf.

Der Zufall – oder war es höhere Fügung? – wollte es, dass ich vom großen Ferienlager der Freien Deutschen Jugend, der FDJ, am Plauer See in der Mecklenburgischen Seenplatte, damals Bezirk Neubrandenburg, erfuhr. Dort suchten sie einen Redakteur und Sprecher für den Lagerfunk, also für die Beschallung der Zelte und Bungalows.

Die Aussicht, meine acht Wochen Sommerferien dort zu verbringen und in einem Tonstudio die anderen jugendlichen Heißsporne täglich mit Informationen und mit Musik zu beschallen, setzte eine ungeahnte Energie in mir frei. Mit penetranter Unnachgiebigkeit pflügte ich mich durch den bürokratischen Dschungel der FDJ in Berlin, um diesen Job zu bekommen, und irgendjemand hat mir dann eine Zustimmung geschickt. Meinen Ferienpass.

Auf einem riesigen Gelände, mitten im Wald, standen viele Bungalows. Große Zehnmannzelte waren überall aufgestellt. Zahlreiche leistungsstarke Lautsprechersäulen waren gut verteilt, es gab keinen Winkel auf dem gesamten Gelände, in dem sich jemand meinen Sendungen entziehen konnte. Morgens eine halbe Stunde das Weckprogramm, abends ein Gute-Nacht-Programm und am Wochenende eine Wunschsendung. Während alle in diesem Camp den geplanten Tagesabläufen mit geführten Wanderungen, sportlicher Ertüchtigung oder gemeinsamer Freizeit folgen mussten, waren ein Schulfreund und ich frei von allen Verpflichtungen außer der, um die wir uns aus freien Stücken gerissen hatten. Mein Freund, angestochen durch meine Hartnäckigkeit, hatte sich die Hoheit über das Fotostudio gesichert, und so waren wir die unangefochtenen Kings von Lenz am Plauer See. Bei mir am Tonstudio leuchtete bei Bedarf das rote Licht mit der Aufschrift: »Ruhe – Auf Sendung«; bei ihm hing ein Zettel mit dem unmissverständlichen Hinweis: »Dunkelkammer – Entwicklung – Eintritt nicht gestattet«. So entwickelten wir uns prächtig.

Vieles, was mir in meinem späteren Berufsleben immer wieder auf die eine oder andere Art passierte, warf hier schon seine Schatten voraus. So war dem Leiter des Ferienlagers recht schnell aufgefallen, dass ich den Beatles viel Raum in meinen kleinen Sendungen bot. Der Song »Help« war gerade der meistgewünschte Hit. Vom Lagerleiter vermisst wurden hingegen die blumigen und kämpferischen Huldigungen des sozialistischen Jugendlebens und dazu die markigen Songs wie Hartmut Königs »Sag mir, wo du stehst«, gesungen vom Oktoberklub. Da meine offizielle Zurechtweisung in entspannter Atmosphäre stattfand, genügte es, dass ich mich im Gespräch mit dem Ober-FDJler selbstkritisch und einsichtig zeigte, um anschließend weiterzumachen wie bisher. Die Songs, die ich spielte, und mein Stil, wie ich sie »verkaufte«, kamen gut an und ich lernte zum ersten Mal das Gefühl kennen, wenn dir Bewunderung und Neid entgegenschlagen. Nur aufgrund einer gewissen Bekanntheit und der »Macht« über die Musikauswahl wurde ich zum A-Promi im Ferienlager.

Es überraschte mich schon sehr, was in lauen Sommernächten geschieht, nur um auf die Musik Einfluss zu nehmen. Es war fast wie in Peter Maffays Song: Ich war sechzehn, sie zwar nicht einunddreißig, aber es war Sommer. Das war schon verrückt. Ich habe mich, um dem aufkommenden Höhenflug entgegenzuwirken, sogleich mit Wodka und Fassbrause geerdet. Zum ersten Mal in meinem Leben habe ich zwei endlose Tage lang gekotzt, aber die Sendungen liefen und ich hatte meine Bestimmung gefunden. *I am the radioman* in jedem Zustand.

Peter Maffay »Und es war Sommer« (1976)
Pop Tops »Mamy Blue« (1971)
Mungo Jerry »In the Summertime« (1970)

Mugge – Musikalische Gelegenheitsgeschäfte

Bei einem Lehrgang, den irgendeine staatliche Kulturinstitution im Berliner »Haus der jungen Talente« veranstaltete, lernte ich die damalige Elite der Berliner Discjockeys kennen. Eine Handvoll cleverer Bürschchen hatte sich den Markt der

Hauptstadt sauber aufgeteilt. Die Jungs hatten alle eigene Ton- und Lichttechnik und jeder seinen ganz eigenen Stil. Was ich viel später über *radio personality* lernte, wurde Mitte der siebziger Jahre in Berlins Jugendclubs und Tanzgaststätten schon von den Plattenunterhaltern gelebt. So gesehen, ist dieser immer veralberte Begriff vom Schallplattenunterhalter völlig korrekt. Es kam nicht aufs Mixen an, wie heute, sondern auf das Unterhalten – *we love to entertain you* schon damals. Um öffentlich auftreten zu dürfen, musste man eine Spielerlaubnis, umgangssprachlich Pappe, besitzen. Zur Erlangung nahm man an einem der staatlichen Lehrgänge teil und legte während einer öffentlichen Veranstaltung eine Prüfung ab.

Gelang es dem Anwärter, den Richtlinien hinsichtlich Musikauswahl, Klassenstandpunkt und Ausstrahlung zu entsprechen und die Funktionäre einer Prüfungskommission zu überzeugen, bekam er seinen Sprecherausweis. Das diente der Kontrolle über all jene, die neben- oder hauptberuflich auf Bühnen mit einem Mikrofon hantierten oder womöglich manipulativ Musik des Klassenfeindes spielten. Die Kommission vergab Klassifizierungen, um den monetären Anreiz zu kanalisieren. Im Amateurbereich A, B, C und Sonderstufe oder Berufsausweis, wo ebenfalls Abstufungen möglich waren, bis hin zu frei verhandelbar.

Im abendlichen Einsatz gab und gibt es nur einen Maßstab für Erfolg: Tanzfläche voll oder nicht. Das bedeutete: Schallplattenunterhalter aller Klassen vereinigt euch zum geschickten Umgehen bestehender Regeln.

Reglementiert war die Musikauswahl. »Sechzigvierzig« war das Schlagwort unter Musikern und DJs, denn es war Vorschrift, dass mindestens sechzig Prozent DDR-Musik und höchstens vierzig Prozent aus dem »nichtsozialistischen Wirtschaftsgebiet« gespielt werden dürfen. Das sollte zum einen die Verbreitung sozialistischen Liedgutes fördern und wurde zum anderen damit begründet, dass der DDR die Devisen fehlten, um an westliche Autoren Tantiemen zu zahlen. Kontrolliert wurde das von der AWA, der Anstalt zur Wahrung der Aufführungsrechte auf dem Gebiet der Musik, dem Pendant zur westdeutschen GEMA. Wir sahen die AWA als Kampfreserve der Partei, deren Auftrag es war, dem Klassenfeind keinen Zentimeter Tanzboden zu viel zu überlassen. Zu jeder Veranstaltung mussten vorab Songlisten eingereicht werden, und nur Grimms Märchen konnten es mit meinen AWA-Listen aufnehmen.

Jeder halbwegs spiel- und tanzbare Song aus dem Osten war also willkommen, und so wurden neben den wenigen Tanzflächenfüllern aus der DDR auch die Hits von Omega und anderen ungarischen oder polnischen Bands zu Dauerbrennern in den Diskotheken.

Wanderdiscos mit klangvollen Namen wie: »Velox«, »Die Tute«, »Ollis Disco« und »disco 2000« waren die Stars in der Hauptstadt der DDR. Als unbedarfter Jungspund hatte ich in den lockeren Runden der altgedienten Kollegen, in denen Erfahrungen, Klatsch und Tratsch ausgetauscht wurden, nicht viel beizutragen. Dennoch warb mich der Macher von »disco 2000« an und wollte fortan mit mir im Doppel auftreten. »disco 2000« hatte in den siebziger Jahren einen spitzen Ruf und viele Muggen, so nennt man in der Branche salopp einen Auftritt, ein musikalisches Gelegenheitsgeschäft.

Meine allererste Mugge hatte ich ohne jede Live-Erfahrung im Café unter dem Berliner Fernsehturm. Lief super und ich wollte nie wieder etwas anderes machen. Zumal siebzig Mark Gage an einem Abend meinem Lehrlingsgehalt eines Monats entsprachen. Mir war klar, da geht noch was. Also absolvierte ich brav meine Lehre und zog fortan an den Wochenenden mit »disco 2000« übers Land.

Was ich in dieser Zeit gelernt habe? Erst mal mit viel Mühe Facharbeiter für Nachrichtentechnik beim Fernsehen der DDR. Technische Berufe beim Fernsehen waren bei der Deutschen Post angesiedelt, und ich wollte dort Tontechniker am Mischpult werden. Hauptsächlich aber bildete ich mich abends und nachts weiter. Vornehmlich in Fragen wie Bühnenpräsenz mit und ohne Alkoholeinfluss, wie man fliegenden Biergläsern aus dem Weg springt, was Groupies sind und wo man Westplatten, brauchbare Lautsprecher und echte Niethosen, wie Jeans in der DDR hießen, herbekommt. Eine umfassende Vorbereitung auf eine freiberufliche Laufbahn für einen aufstrebenden Teenager mit leicht narzisstischen Zügen. An dem Tag, an dem ich in einer kleinen Feierstunde meinen Facharbeiterbrief ausgehändigt bekam, musste ich leider vorzeitig die Veranstaltung verlassen, denn meine Jungs standen mit laufendem Motor vor der Tür – wir hatten eine Mugge.

Jethro Tull »Locomotive Breath« (1971)
The Sweet »The Ballroom Blitz« (1973)
Golden Earring »Radar Love« (1973)

Kassette klemmt

Um meine Ambitionen als DJ ausleben zu können, war der Schichtdienst beim DDR-Fernsehen denkbar ungeeignet. Die Arbeit im Schaltraum, in dem die Sendungen des Westfernsehens mitgeschnitten wurden und am Wochenende die Schaltungen aller Fußballreporter der DDR zusammenliefen, war nur partiell spannend. Als ich während eines Spiels von Mielkes BFC Dynamo aus Versehen einen falschen Stecker zog und der Kommentator dadurch vielleicht zwei Sekunden unterbrochen wurde, lag meine Zukunft in diesem Raum hinter mir.

Durch die Vermittlung meiner Freundin, die im Haus des Deutschen Innen- und Außenhandels in der Friedrichstraße arbeitete, fand ich einen Job, der mir den Freiraum bot, den ich für die vielen Auftritte als Plattenunterhalter brauchte. Als einziger und universeller Betriebsfunkredakteur und -sprecher beschallte ich morgens und mittags die meist weiblichen Mitarbeiter in den Büros über dort angebrachte Lautsprecher. Angekommen in diesem Schlaraffenland, konnte ich meine Talente und meine technischen Kenntnisse voll ausspielen. So zeichnete ich die Morgensendungen bereits am Nachmittag des Vortages auf und ließ sie dann automatisch zur rechten Zeit am nächsten Morgen abspielen. Dadurch konnte ich nach anstrengenden Disconächten ausschlafen, anschließend mit ganzer Energie am Nachmittag für den kommenden Tag produzieren und danach sofort zur Mugge fahren.

Viel Zeit verbrachte ich in diesem Betriebsfunkstudio tiefschlafend, während draußen das Schild »Ruhe! Sendung!« leuchtete. Für die vornehmlich weibliche Belegschaft erledigte ich zwischendurch eifrig kleinere Gefälligkeiten, wie Kassetten zurückspulen, Batteriewechsel oder einfach mal gucken, was es zu reparieren gibt. Darüber gab es keine Klagen, lediglich mein zuständiger Abteilungsleiter erachtete meine Arbeitseinstellung als unangemessen und befand, dass auch die Qualität und Beliebtheit meiner morgendlichen Sendungen mein Verhalten nicht rechtfertige. Sein Timing war brillant, denn ich hatte parallel meinen Berufsausweis als Schallplattenunterhalter gemacht und war ohnehin auf dem Sprung. Sozusagen künstlerisch und steuerlich auf einer anderen Ebene angekommen, unterschrieb ich den ersten Aufhebungsvertrag meines Lebens und war von Stunde an freiberuflich tätig.

Meinen Job im Betriebsfunk vermachte ich einem DJ-Kollegen, der mein Prinzip übernahm und ebenfalls nach einem Jahr genug verklemmte Kassetten gespult hatte.

George Baker Selection »Paloma Blanca« (1975)
Billy Swan »I Can Help« (1974)
Status Quo »Down, Down« (1974)

Jugendliebe

In den Dörfern rund um Berlin und in den Jugendclubs sowie HO-Gaststätten der Stadt, in denen »disco 2000« auftrat, brannte die Luft. Wir waren zwei DJs und ergänzten uns kongenial, wir spielten, sangen, stampften und machten jeden möglichen Schwachsinn, um Euphorie zu erzeugen. Die Kunst auf dem Lande bestand darin, noch vor der obligatorischen Schlägerei das Equipment in Sicherheit gebracht zu haben und Fersengeld zu geben.

Unser Wanderzirkus fuhr in einem giftgrünen VW-Bus älteren Baujahres mit riesigem Schriftzug »disco 2000« an der Seite von Dorf zu Dorf. In der Ruhezone des sozialistischen Aufbaus beschallten wir im Umkreis von hundert Kilometern um die Hauptstadt jeden noch so abgeranzten Tanzsaal. Unser Tross bestand aus zwei (!) Technikern plus Fahrer und »Manager« – alle unheimlich umtriebig. Besonders im Abschleppen und Feiern. Im beschaulichen Kagel bei Berlin war unser Hauptquartier, wohin wir nachts nach vollbrachter Belustigung der jungen Arbeiter und Bauern einfielen, um zu entspannen. Dort residierten wir in einem Gartenhäuschen am See mit Spielwiese, reichlich Schlafgemächern und einem Kühlschrank, der stets randvoll mit »Timm's Saurem« war. Das stark alkoholische Mixgetränk eignete sich hervorragend, um auf lustige Art Kopfschmerzen zu erzeugen.

Wir feierten, schliefen unseren Rausch aus, belästigten die Nachbarn und hörten zum Frühstück gegen vierzehn Uhr Platten von Reinhard Mey und Udo Lindenberg. Obwohl ich die lyrischen Stücke von Reinhard Mey sehr mochte, waren mir die Weltanschauung und die Betrachtungen zwischenmenschlicher Beziehungen in den Texten von Udo Lindenberg näher. Wir waren schließlich auch Philosophen mit staatlicher Spielerlaubnis auf der Suche nach dem Sinn des Lebens. Udo gelang es in vielen seiner Songs, mit der Symbiose aus rockiger Musik und den originellen Sprachschöpfungen meinen jeweiligen Gemütszustand treffend zu beschreiben, und ich wurde ein Fan von ihm.

Ausgestattet mit Weisheiten meiner Rockpoeten und ein klein wenig Lebenserfahrung, wurde ich im Alter von circa zweiundzwanzig Jahren, erst acht Jahre nach meiner Jugendweihe, dann tatsächlich erwachsen. Jedenfalls überkam mich das starke Bedürfnis nach Veränderung. Wie das in dem Alter so läuft, verließ ich von heute auf morgen meine Jugendliebe und fand neues Glück bei einer Schönheit, die ein wenig Ähnlichkeit mit Vicky Leandros hatte.

Im familiären Umfeld meiner neuen Freundin fühlte ich mich wohl, und mit einem unbändigen Forscherdrang gingen wir oft auf Safari im weiten und wilden Land der sexuellen Möglichkeiten. Eine glückselige Verbindung bis zu dem Augenblick, an dem ich von meiner eigenen Verlobungsfeier überrascht wurde. Angesichts von Geschirr und Bettwäsche für meinen zukünftigen Haushalt sah ich mich in die Enge getrieben. Also suchte ich feige das Weite und hinterließ erneut ein gebrochenes Herz. Kurioserweise bin ich kurze Zeit später Hals über Kopf in meine erste Ehe gestürzt. Das verstehe einer.

Ute Freudenberg »Jugendliebe« (1978)
Penny McLean »Lady Bump« (1975)
Carl Douglas »Kung Fu Fighting« (1974)

Tausch – Rausch

Nach meiner hormongesteuerten Hochzeit 1976, die Dörfer lagen hinter uns, war »disco 2000« zu einer der Hauptattraktion im Epizentrum des Vergnügens am Berliner Alexanderplatz geworden. Der *Alextreff* wurde unser Headquarter. Hier fanden sich immer mittwochs und sonntags viele der schönsten Mädchen Berlins ein, um die Bekanntschaft eines jugoslawischen oder italienischen Gastarbeiters aus Westberlin zu machen. Die nämlich konnten durch illegalen Umtausch ihrer DM hier, wie der Berliner sagt, »so richtig auf die Kacke hauen«. Offensichtlich hatte der Nimbus des

Südländers mit Arbeitsplatz in Westberlin etwas anziehend Erotisches. Weniger erotisch, aber doch sehr nützlich waren für uns die Beziehungen einiger dieser Jungs. Wir machten ihnen den Geldumtausch leichter, indem wir uns jede Woche die aktuellen Hitsingles bestellten, die Nero Brandenburg im »RIAS-Treffpunkt« vorgestellt hatte. Eine Single kostete damals sechs Deutsche Mark, wir gaben großzügig zwanzig Ostmark. Dadurch hörte die wilde, illegale Umtauscherei unter den Gästen auf, wir hatten unsere Platten und konnten jeden Musikwunsch sofort erfüllen. *Everybody happy.*

Reine Diskotheken gab es im Osten kaum. Die Tanzabende fanden meist dort statt, wo am Tag Restaurantbetrieb war. Der *Alextreff* war eine riesige Kantine, in der mittags Hunderte von Menschen aus den umliegenden Büros ihr Essen einnahmen. Abends wurde der Saal mittels Raumteiler je nach Besucherandrang verkleinert. Das war wirklich nicht gemütlich und entsprach in keiner Weise einer Diskothek, wie es sie in Westberlin gab, aber wir hatten ja nichts anderes …

In regelmäßigen Abständen spielten bei uns die angesagten Bands. Unter anderem trat Fritzens Dampferband mit Achim Mentzel und Gerd Christian auf, die ich aus dieser Zeit gut kenne. Einen ihrer wenigen Live-Auftritte absolvierte Nina Hagen mit der Gruppe Automobil hier in der »disco 2000«. »Du hast den Farbfilm vergessen« war gerade erschienen und alle waren voll aus dem Häuschen, am meisten Nina.

Ein anderer großer DDR-Hit aus dieser Zeit ist von der Gruppe Kreis: »Doch ich wollt es wissen«. Die Idee für diesen Discosong im damals sehr beliebten Phillysound entstand spätnachts bei Arnold »Murmel« und Eva Fritzsch zu Hause bei einer Toast-Hawaii-Party. Wir hatten bei einem guten Glas Lunikoff-Wodka gemeinsam alle neuen, frisch eingetroffenen Singles aus dem *Alextreff* gehört, und die Musik von The Three Degrees, George McCrae im Mix mit Cola-Wodka zündeten bei Murmel und er schrieb diesen souligen Song für seine Band.

Wie zu erwarten, benötigte die Nationale Volksarmee (NVA) dringend auch meine Dienste bei der Verteidigung unserer Heimat. So landete ich unversehens für achtzehn Monate bei der Volksmarine und tauschte Mikrofon und Lunikoff gegen Uniform und Kalaschnikow. Meinen Grundwehrdienst habe ich auf der wunderschönen Insel Rügen mit Blick auf Hiddensee verbracht.

Jedes Mal, wenn ich heute dort mit dem Segelboot vorbei auf die Ostsee fahre oder heimkehre, denke ich an die Zeit auf dem Bug, wie die Landspitze Rügens gegenüber von Hiddensee heißt. An den kurzfristig genehmigten Heimurlaub, der als Überraschung für meine Frau geplant war, jedoch gründlich missglückte, oder an die Idioten Unteroffiziere, die millionenteure Fahrzeuge mit Radartechnik im Salzwasser gewaschen haben. Aber auch an meinen Kompaniechef, der zweien unserer Leute in stockdunkler Nacht bei einer Übung am Hang der Steilküste durch sein beherztes Handeln das Leben rettete, in dem er seines riskierte. Zum Jahreswechsel 1977/78 sorgte ich im Armee-Kulturhaus in Dranske als DJ für Stimmung. Natürlich kostümiert als Matrose. Dass ich komplett nüchtern meine vorgesetzten Herren Kapitäne und Fähnriche so ausgelassen beim Feiern erlebte, machte meine restliche Zeit als Matrose erträglicher.

Was mir nach meiner Armeezeit zusetzte, war, dass meine damalige Frau die »Zeit, die nie vergeht« (wie es in dem Superhit von Perl heißt) genutzt hatte, um zu testen, wie stabil unsere Beziehung ist und welchen Belastungen sie standhält. Wir laborierten nach meiner Rückkehr noch drei

Jahre unter eheähnlichen Bedingungen herum, bis ich einen Staubsauger in die Schrankwand warf, meine Klamotten packte und noch am selben Abend abrauschte.

Perl »Zeit, die nie vergeht« (1985)
Barry White »You're the First, the Last, My Everything« (1974)
Ike & Tina Turner »Nutbush City Limits« (1973)

Die Nalepastraße

Eines Tages wurde mir im *Alextreff* gesteckt, dass zwei Redakteure vom Jugendfunk des Senders Stimme der DDR unter den Gästen weilen. Natürlich habe ich an diesem Abend alles gegeben, raus aus der Routine, beflügelt von dem Gedanken, mit geschliffenem Wort und routinierter Gelassenheit zu beeindrucken. Wir kamen dann auch ins Gespräch und tatsächlich fragten sie mich, ob ich nicht Lust hätte, beim Radio redaktionell mitzuarbeiten. Zufällig hatte ich Lust und wir verabredeten einen Termin.

Nach einer detaillierten Aufnahme meiner persönlichen Daten in der Anmeldung erhielt ich einen Passierschein und betrat das Allerheiligste: das wuchtige Backsteingebäude des DDR-Rundfunks in der Nalepastraße in Berlin-Oberschöneweide. Außen rote Klinker, innen blankgewienertes Linoleum, ein uralter Lift, der mit dem Wort »Fahrstuhl« besser beschrieben ist, und Türen, viele Türen, geschlossene Türen, an die man anklopfen musste, wenn man jemanden sprechen wollte. Fleißige, jedenfalls sehr beschäftigt wirkende Redakteure, die zur Mittagszeit alle hinausstürmten, um in der Betriebskantine ihr subventioniertes Mittagsmahl zu genießen. Beim Essen wurde ein reger Austausch von Neuigkeiten gepflegt, um dann wieder hinter den Türen zu verschwinden. Mein erster Eindruck war enttäuschend.

In der Jugendredaktion von Stimme der DDR allerdings war die Atmosphäre und Stimmung schon eher nach meinem Geschmack. Leidenschaftliche Leute wie Wolfgang Martin, der später die Musikredaktion des Jugendsenders DT 64 leitete und nach der Wende lange Zeit Musikchef bei Antenne Brandenburg war, kämpften um jeden Titel, zogen jede relevante Information aus ihren Kontakten in der Musikerszene, lebten ihren Job, um ihren Hörern das Beste, das Maximum zu bieten. Was diese Jungs vermitteln wollten, war die reine Lust an toller Musik.

Der Redaktionsleiter mit Namen Erich K. wusste seinen Namensvetter Erich H., dessen Konterfei in jedem Zimmer neben bunten Postern an der Wand hing, auszutricksen. Geschickt nutzte die Redaktion ihre Freiräume. So viel wie möglich anbieten, so wenig wie nötig anecken, um weiterhin so viel wie möglich anbieten zu können. Ein ganz simples Spiel, in dem ich lernte, mich auf das wesentliche, nämlich das unterhaltende Moment zu konzentrieren. Leidenschaftlich gab ich mich meiner Aufgabe hin, zunächst vertretungsweise die Manuskripte für die Sendung »Beatkiste« zu schreiben. Woche für Woche traktierte ich meine Reiseschreibmaschine »Erika«, immer in der Hoffnung, dass der Moderator eines Tages mit irreparabler Stimmbandentzündung im Studio umfällt und ich zur Stelle sein kann, um die Show zu retten.

Immer in zwei Kopien tippte ich ausgefeilte und poin-

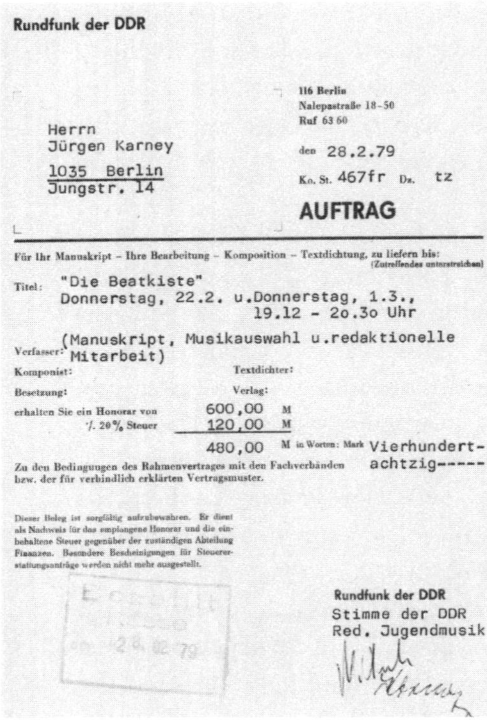

Rundfunk der DDR

Herrn
Jürgen Karney
1035 Berlin
Jungstr. 14

116 Berlin
Nalepastraße 18-50
Ruf 63 60

den 28.2.79

Ko. St. 467fr Dz. tz

AUFTRAG

Für Ihr Manuskript – Ihre Bearbeitung – Komposition – Textdichtung, zu liefern bis:
(Zutreffendes unterstreichen)

Titel: "Die Beatkiste"
Donnerstag, 22.2. u.Donnerstag, 1.3.,
19.12 - 2o.3o Uhr

Verfasser: (Manuskript, Musikauswahl u.redaktionelle Mitarbeit)

Komponist: Textdichter:

Besetzung: Verlag:

erhalten Sie ein Honorar von 600,00 M
./. 20 % Steuer 120,00 M
480,00 M in Worten: Mark Vierhundert-achtzig-----

Zu den Bedingungen des Rahmenvertrages mit den Fachverbänden bzw. der für verbindlich erklärten Vertragsmuster.

Dieser Beleg ist sorgfältig aufzubewahren. Er dient als Nachweis für das empfangene Honorar und die einbehaltene Steuer gegenüber der zuständigen Abteilung Finanzen. Besondere Bescheinigungen für Steuererstattungsanträge werden nicht mehr ausgestellt.

Rundfunk der DDR
Stimme der DDR
Red. Jugendmusik

tierte Sätze und Formulierungen, die vom Moderator eins zu eins abgelesen wurden wie die Speisekarte einer Mitropa-Gaststätte.

Es hat einige Zeit ungeduldigen Wartens gedauert, bis der Moderator tatsächlich einmal krank wurde und ich den Moderatorenstuhl enterte. Da die Sendungen aufgezeichnet wurden, konnte ich zu Hause hören, was ich abgeliefert hatte. Was ich hörte erschreckte mich. So hatte ich mir das bei der Aufnahme nicht vorgestellt. In den Tiefen meiner Erinnerungskiste lagert noch heute ein Kassettenmitschnitt von einem dieser Tiefpunkte des abendländlichen Radioschaffens und dort wird er bis zur Selbstzerstörung bleiben. Es gab damals noch keine »Airchecks«, also Live-Mitschnitte zur Optimierung der Inhalte. Heute hören sich Moderator*innen gemeinsam mit Kollegen oder Coaches ihre Moderationen an und bewerten ihre Leistung, um sich zu verbessern. Ende der siebziger Jahre habe ich mich ohne fremdes Feedback immer wieder selbst angehört, dann probiert und getestet, um bei der folgenden Sendung besser zu werden. Das hat ewig gedauert, bis ich halbwegs so klang, wie ich klingen wollte, und daher weiß ich aus eigener schmerzlicher Erfahrung, dass Geduld, unendlich viel Übung und auch der eine oder andere Hinweis eines erfahrenen Kollegen wichtig sind, um ein passabler Moderator zu werden. Talent und gesundes Selbstbewusstsein natürlich vorausgesetzt. Wenn ich heute mit jungen Einsteigern arbeite, führe ich mir immer meine eigenen Anfänge vor Augen, werde geduldig und milde in der Bewertung und freue mich mit ihnen, wenn Fortschritte hörbar werden.

Durch meine redaktionelle Arbeit für die »Beatkiste« öffneten sich für mich weitere der Türen in der Nalepastraße. In den folgenden Jahren wurde ich zum nimmermüden Schreiberling für die Unterhaltungsabteilung und tippte die Manuskripte für die Sendungen »Tip-Disko« und »Hallo – das Jugendjournal«, die unterschiedliche Ansprechhaltungen forderten. Der Redaktionsleiter von »Hallo«, ein eher intellektueller, mehr auf den journalistischen Anspruch setzender Mann mit einem angenehmen Hang zur Ironie, hätte es gern gesehen, wenn ich ein Studium der Journalistik aufgenommen hätte. Studieren statt moderieren? Dazu sah ich beim besten Willen keine Veranlassung, bei mir lief es doch genau in die richtige Richtung, ich studierte das Leben und sammelte viele praktische Erfahrungen.

Kiss »I was Made for Loving You« (1979)
Rod Stewart »Da Ya Thing I'm Sexy?« (1978)
Blondie »Heart of Glass« (1979)

Wir hatten ja nichts

Als Obermatrose der Reserve hatte ich mich schnell wieder an das zivile Leben gewöhnt und aktivierte meine prämaritimen Verbindungen. Zurück zu meinem alten Discoteam führte kein Weg. Sie hatten mich quasi enteignet und tourten in neuer Besetzung. Das gab kurzfristig Ärger, aber Freundschaft lebt von Widersprüchen und ist immer auch Wettbewerb. Das motivierte mich schnell, ein neues Discokonzept zu entwerfen, nur auf mich zugeschnitten. Damit jagte ich meinen ehemaligen Partnern viel Terrain ab und kreierte ein neues Genre, das ein wirkliches Alleinstellungsmerkmal hatte: mich.

Sollte ich zusammenfassen, was mein junges unermüdliches Team mit mir auf die Beine stellte, so ist es (auch wenn ich mich mit Superlativen zurückhalte) am besten folgendermaßen beschrieben:

»Eine One-Man-Musikpräsentationsdarbietung mit wortakrobatischen und parodistischen Unterhaltungselementen, die unter exzessivem Körpereinsatz dargeboten und von einer überdimensionierten Licht-, Ton- und Effekttechnik unterstützt wird. Dazu die geilsten Hits zum Abtanzen, Träumen und Kuscheln.«

Mit dieser Bühneneruption bin ich bis zur ersten »Bong«-Sendung unterwegs gewesen, habe parallel an meiner Radio- und Moderatorenkarriere gearbeitet und viele Tage und Nächte notwendigerweise mit Tüfteln und Bauen verbracht.

Was ich ja niemals geglaubt habe: Der Werkunterricht in der Polytechnischen Oberschule war nicht, wie vermutet, für die Katz, sondern fürs Leben. Einmal in der Woche lernten wir den Umgang mit Laub- und Stichsäge, mit Zange,

Schraubenschlüssel und natürlich mit Hammer und Zirkel. So war jeder zumindest handwerklich vorbereitet auf die Mangelwirtschaft, um im Fall der Fälle selbst Hand anzulegen und zu erschaffen, was den Kombinaten und Volkseigenen Betrieben nicht immer zur Zufriedenheit gelang.

Wie in unzähligen anderen Bastelstuben in Kellern und Garagen werkelte auch ich mit meinen beiden besessenen Technikern im Hobbykeller, um Effekte und Tontechnik herzustellen, die es nicht zu kaufen gab. Wahrlich, liebe Leserinnen und Leser, fast alle der neben- und hauptberuflichen DJs und Musiker in der DDR haben viel Zeit aufgebracht, um sich für Ihr Tanzvergnügen aufzurüsten und dabei mehr Geld in Technik gesteckt als Steuern gezahlt. Das gute alte Wissen über Elektro- und Schweißtechnik, die Fertigkeit, mit Sperrholz und Tischlerleim umzugehen, haben dazu beigetragen, dass in den Stunden des ausgelassenen Beisammenseins ein Hauch von *Saturday Night Fever* zu spüren war.

Aus durchsichtigen Schläuchen mit Soffittenlampen, an denen verdammt noch mal die Lötstellen nicht hielten, wurden mit unendlich viel Geduld blinkende Lichtschläuche. Aus Ofenrohren mit Scheinwerfereinsätzen des Trabants 601 wurden Bühnenscheinwerfer. Die Discokugeln bauten wir aus selbstgeschnittenen kleinen Spiegelquadraten, die mit Cenusil auf einen Ball geklebt wurden. Fantasie und Geschicklichkeit waren gefragt, um Lösungen zu finden. Erschwerend kam hinzu, dass fast jedes Teil des Equipments nur über Beziehungen oder Rundtausch zu bekommen war. Ein zeitraubendes Unterfangen.

Am Ende hatten wir neben einer aufwendigen Lichtausstattung eine monströse Beschallungsanlage, die jedes Nebengeräusch im Saal unterdrückte, schließlich hatte ich Elektroakustik gelernt, das zahlte sich nun aus.

Aber die Entschädigung für alle, die das damals auf sich genommen hatten, waren, liebe Freundinnen und Freunde von damals, euer Lachen, euer Spaß, eure Ausgelassenheit, wenn ihr für wenige Stunden beim Jugendtanz die tristgrauen Häuserfassaden und die immergleichen Propagandaparolen vergaßt. Heute und hier: Danke für jeden Applaus, für jedes aufmunternde Schulterklopfen und jeden Kulturgroschen, den ihr bezahlt habt.

Bee Gees »Night Fever« (1977)
Uriah Heep »Lady in Black« (1971)
Donna Summer »I Feel Love« (1977)

Weiterbildung für die Müllabfuhr

Wenngleich ich ausgestattet bin mit schneller Auffassungsgabe, offensichtlich auch mit einigem Talent für darstellende Rhetorik sowie ausreichend Ehrgeiz und Selbstbewusstsein, so habe ich dennoch schon frühzeitig meine ureigenen Methoden und Maßstäbe für Weiterbildung entwickelt.

Diese sind aus zwei Gründen speziell. Der erste Grund ist, dass zu meinen herausragenden Eigenschaften auch ein plötzlich auftretendes Phlegma gehört, das mich dazu verführt, es mir immer einfach zu machen. Der zweite Grund liegt darin, dass ich höchst widerwillig Zeit verschwende. Das bedeutet, bevor mich die Faulheit zum Müßiggang zwingt, muss ich so effektiv wie möglich meine Zeit nutzen. In der Vorbereitung von Auftritten, Moderationen, Interviews und dergleichen hat sich im Laufe der Jahre die Methode »Auf den letzten Drücker« durchgesetzt. Bei laufenden Projekten und notwendigen Tätigkeiten setze ich auf: mehrere Dinge gleichzeitig erledigen. Da habe ich das Gefühl, Zeit gespart zu haben. In diesem Kontext finden übrigens Zeitdiebe, wie Zuspätkommer, in meiner Welt keine Gnade. Leider wird so viel Zeit gestohlen, man müsste Strafen für notorischen Zeitdiebstahl einführen.

Weiterbildung, im weitesten Sinn, läuft aus den genannten Gründen bei mir immer parallel mit. Wie eine Smartwatch, die Schritte oder Atemzüge und eingehende Nachrichten mit sich füllenden bunten Ringen anzeigt, so füllt sich bei mir täglich der Lernlevel-Ring. Ganz oben dabei steht: Lernen aus Fehlern. Den eigenen natürlich, aber auch aus denen anderer und Lernen aus Gesprächen. Gespräche, aus denen ich nichts mitnehme, sind nur »Sprech-Gespräche« und fallen im extremen Fall unter Zeitdiebstahl.

Selbstverständlich nutze ich auch vielfältige Weiterbildung im klassischen Sinn, an deren Ende man ein Zertifikat erhält, das man bei Bewerbungen seiner Mappe beilegen kann. Da ich in meinem ganzen Leben noch nie eine Bewerbungsmappe geschrieben habe, vergilben meine Zertifikate unbeachtet in einem dicken Ordner und erinnern mich an zum Teil sehr kuriose Weiterbildungsmaßnahmen. Ich benutze diesen Begriff, denn er führt in die Zeit Anfang der achtziger Jahre, als der Begriff »Maßnahme« sehr gebräuchlich war.

Vom Schallplattenunterhalter zum Moderator: ein kleiner Schritt für die Unterhaltungskunst, ein Riesensprung für mich. Das Komitee für Unterhaltungskunst der DDR, welches neben anderen Aufgaben auch die Verantwortung für die Aus- und Fortbildung aller freischaffenden »Wortkünstler« trug, berief auch mich zu sogenannten Sprechertagungen. Hier referierten sie regelmäßig über aktuelle politische Entwicklungen und Tendenzen, vermittelten sogenannte Hintergrundinformationen mit dem Ziel, die Sprecher, die quasi auf dem Schoße des Volkes saßen, als Einflüsterer für ideologische Positionen zu sensibilisieren. Vom Bauchredner bis zum Conférencier – bei diesen verordneten Veranstaltungen wurden alle Wortakrobaten mit Argumenten für die Konfrontation mit systemkritischen Gedanken ausgestattet. Die Sprechertagungen wären ohne Frage vorsätzlicher Zeitdiebstahl gewesen, wenn man am Rande nicht Kollegen begegnet wäre, deren Namen man sonst nur auf Plakaten in den Garderoben oder in den Gästebüchern der Spielstätten las.

Der Austausch unter den Kollegen aus dem ganzen Land entschädigte für das unerträgliche Agitationsgelaber. Lange Zeit, für meine Begriffe zu lang, galt ich in diesem Kreis als Nachwuchs. Das machen alte Hasen gern, die Nachrücker so lange wie möglich Nachwuchs zu nennen und so zu behandeln. Nachwuchs klingt wie noch nicht reif für Größeres, unerfahren, noch im Wachsen begriffen. Um das zu ändern, nahm ich, diesmal freiwillig, an Lehrgängen teil, in denen wirklich Handwerkszeug vermittelt wurde, das man in diesem Beruf auch braucht. Atem- und Sprechtechniken, Körperhaltung, sogar ein bisschen Schauspielunterricht war dabei – absolut keine Zeitverschwendung die Wochen, in denen ich mich so weiterbildete. Gewissermaßen als krönenden Abschluss all dieser Maßnahmen wollte ich natürlich, wie schon bei den Discjockeys, meine Zulassung als Sprecher haben. Dazu musste ich, genau wie Sängerinnen und Sänger, Musiker und Artisten »vortanzen«, also zeigen, dass ich nicht nur weiß, worauf es ankommt, sondern dass ich es auch kann. Um für alle Nachwuchskünstler echte, lebensnahe Veranstaltungsbedingungen zu schaffen, bei denen eine Kommission die Leistungen begutachten konnte, wurde einmal im Monat eine Show aufgeführt. Zuschauer, die nicht ganz freiwillig als Claqueure herhalten mussten, wurden gleich mitverpflichtet.

Die geniale Idee: Mittagspausenunterhaltung im Speisesaal der Berliner Müllabfuhr. Direkt nach dem Kompott ging es los, eine Band spielte ein Motto und die überraschten Müllkutscher erlebten ein Spitzenprogramm mit lauter aufgehenden Sternen am Unterhaltungshimmel, das sich gewaschen hatte. Ein Potpourri der guten Laune, ein Strauß bunter Melodien mit unerfahrenen und verschreckten Nachwuchskünstlern, deren Karrierestart abhängig war von dem Wohlwollen einer kritischen Jury und der Qualität des Mittagessens in der Kantine der Müllabfuhr. Diesen Zusammenhang machte ich übrigens zum Anlass einiger meiner humorvollen Betrachtungen, was mich an diesem unglücklichen Tag rettete.

Dass einige Männer einfach aufstanden, ihre Teller in den Abwasch stellten und den Saal verließen, als die dritte junge Sängerin den Titel »Wenn du denkst, du denkst, dann denkst du nur, du denkst« sang, gehörte wahrscheinlich zum Plan, das Umfeld so lebensecht wie möglich zu gestalten. Für mich als Moderator waren dies ideale Bedingungen. Ich ging an die Tische zu den rauen Jungs, räumte Teller ab, redete mit den Leuten und zeigte damit maximale Flexibilität. Ein zweiter »Pappenanwärter«, der seine Texte komplett auswendig gelernt hatte und vor Lampenfieber bald ohnmächtig wurde, verlor zuerst den Faden und dann die Nerven.

Aus Mangel an Zuhörern schenkten wir uns an diesem sonnigen Nachmittag das Finale, unser Publikum hatte in seinen Müllwagen den Hof schon längst verlassen, als »Wenn du denkst ...« zum vierten Mal erklang. Am Ende konnte ich zufrieden feststellen: Weiterbildungsmaßname erfolgreich abgeschlossen, Sprecherpappe gemacht.

Juliane Werding »Wenn du denkst, du denkst ...« (1975)
Frank Zander »Ich trink auf dein Wohl, Marie« (1974)
Abba »SOS« (1975)

»Mademoiselle Ninette«

Die Künstler-Agentur der DDR trug ihren Bestimmungszweck im Namen. Sie hatte das Monopol, Künstler der DDR ins Ausland zu vermitteln oder ausländische Künstler in die Republik zu holen. Sie entschied unter künstlerischen und auch finanziellen Gesichtspunkten über den Im- und Export, nachdem bereits andere »Organe« die ideologischen und politisch-strategischen Aspekte eines Kulturarrangements erwogen hatten. Das bekannte Beispiel: Udo und Udo. Udo Jürgens ja, Udo Lindenberg nein.

Auf der Suche nach neuen Herausforderungen führte mich mein Gespür für den richtigen Augenblick in die Krausenstraße direkt an der Berliner Mauer. Aus dem Toilettenfenster der Agentur sah man direkt auf einige Absperrungen rund um den Checkpoint Charlie und es ist im Nachhinein erschreckend, sich zu erinnern, mit welcher Selbstverständlichkeit das Leben angesichts dieser Grenze einfach seinen Lauf nahm.

Ein sehr entspannter Gedankenaustausch frei von jeglichen kulturpolitischen Phrasen und Standpunktdiskussionen mit einem Mitarbeiter der Agentur endete damit, dass ich mich als geeignet erwies, für die Künstler-Agentur im Inland tätig zu sein. Das öffnete mir den Weg, Erfahrungen zu sammeln und gegebenenfalls weitere Aufträge zu erhalten. Ein großer Schritt in die richtige Richtung. Aktuell waren mehrere Tourneen geplant, und wir kamen überein, dass ich bei der Tour der liberianischen Band Soulful Dynamics Reiseleitung und Moderation übernehme. Die hatten mit ihren Hits »Coconuts from Congoville« und »Mademoiselle Ninette« auch in der DDR eine große Bekanntheit erlangt, ich war sehr gespannt auf diesen Job mit der bunten und exotischen Truppe. Die Musiker brachten die weite Welt ins Land. Die fünf reisten zum Teil mit ihren Frauen und einem Manager aus Hamburg an. Von wegen Liberia, die Jungs lebten seit Jahren in Hamburg, aber als BRD-Band hätte man ihnen wahrscheinlich eine Tournee in der DDR verwehrt.

Aus dieser einen Tour wurden mehrere, und letztendlich entwickelte sich aus der Zweckgemeinschaft mehr als ein berufliches Miteinander. Die höchste der Gunsterweisungen erhielt ich, als ich den Mercedes eines Bandmitgliedes fahren durfte. Für jeden Ossi hatten die großen Autos aus dem Westen schon immer etwas magisch Anziehendes. Zwischen Halle und Dresden hatte ich mein erstes Mal. Sonnenaufgang, leere Autobahn und ich fuhr über zweihundert Stundenkilometer – unvergesslicher Augenblick. Während die sehr familiäre Truppe ihr mehrwöchiges Sightseeing durch unsere Republik genoss, war sie ständig auf der Suche nach Konsumgütern, für die sie ihre Gage ausgeben konnte, denn die Musiker wurden mit Ostmark bezahlt, die in Hamburg nahezu wertlos war. Eine einmalige Zahlung von zehntausend DM hatte sich der Bandmanager gleich in den ersten Tagen auszahlen lassen und sich damit auf Nimmerwiedersehen in Richtung Bayern abgesetzt.

Die Tour wurde zu einer Jagd auf altes Meißner Porzellan und auf Antiquitäten, denn die hatten im Westen Wert. Da kamen die Soulful Dynamics aber oft zu spät, denn Schalck-Golodkowskis »Jäger der verlorenen Schätze« waren schon vor ihnen fündig geworden. Einzig eine Handvoll Meißner Marcolini-Tassen wechselten den Besitzer und verließen sicher verpackt in Bassboxen das Land.

Im Umgang mit dem Geld kam es zu kuriosen Situationen. Einmal rundete ein Musiker den Obolus für die Toilettenfrau in einem Interhotel, in dem wir logierten, auf fünfzig Mark auf, ein anderes Mal kauften sie in einem Geschäft alle Anoraks in allen Größen, weil sie überzeugt davon waren, Freunde und Bekannte in Hamburg würden sie ihnen aus der Hand reißen. Es wurde halt gekauft, was sich weiterverkaufen ließ oder im Westen teurer war als bei uns. Das haben alle Westkünstler so gemacht. Udo Jürgens' Auftritte in der DDR wurden mit einem Blüthner-Flügel aus Leipzig honoriert und er komponierte darauf »Aber bitte mit Sahne«. Der Country- und Schlagersänger Jonny Hill hatte sich sehr preisgünstig mit schnellverdientem Ostgeld seine Villa mit blauen Dachsteinen aus der DDR eindecken lassen und seinen Nachbarn mit dessen teuren Westziegeln aufgezogen. Das kehrte sich um, als nach ein paar Jahren die Farbe der DDR-Ziegel gemeinsam mit Jonnys Freude über das vermeintliche Schnäppchen verblasste.

Zu meinen Aufgaben als Tourneeleiter gehörte es, für Musiker, deren Anhang, die Technik-Crew und die Busfahrer das Einchecken in die Hotels zu organisieren. Mir fiel auf, dass individuelle Zimmerwünsche oder Zimmertausch zwischen Musikern und uns DDR-Leuten schon direkt an der Rezeption abgebogen wurden. Es mussten die zugewiesenen Zimmer bezogen werden. Auch stellte ich fest, dass sehr schnell attraktive Groupies zu unserem Tross gehörten. Hatten wir uns in einem Hotel von ihnen verabschiedet, saßen sie schon im Foyer des nächsten. Ohne Überwachung lief es also nicht.

Ein sehr ominöser Zwischenfall ereignete sich im Dresdner Hotel *Newa*. Als wir nach dem Konzert in einem Hotelzimmer die Anstrengungen des Tages bei guten Gesprächen mit einheimischen Mädchen und einem standesgemäßen Glas Rotkäppchen-Sekt abschütteln wollten, bemerkten wir, dass auf dem gegenüberliegenden Dach zwei Schatten mit irgendwelchen Gerätschaften hantierten. Wir stellten uns alle ans Fenster und sahen nur noch, wie alles, was dort stand, in Windeseile in Deckung gebracht wurde. Reiseleiter aus Leidenschaft, der ich war, meldete ich unsere Beobachtung an der Rezeption, wo man mir versicherte, Opfer einer Sinnestäuschung zu sein. Auf dem Weg zum Fahrstuhl konnte ich dann hektisches Telefonieren registrieren.

Die endgültige Enttarnung der Genossen, die uns nicht aus den Augen ließen, gelang einem unserer Musiker im Hotel *Berolina* in Berlin. Er suchte im Wirrwarr der unteren Flurgänge den Weg zum Ausgang und öffnete dabei eine unscheinbare Metalltür, hinter der Männer in Hemd und Krawatte mit Kopfhörern an unzähligen Tonbandgeräten saßen. Warum die Krawatten trugen, weiß ich auch nicht, aber dass sie in den Zimmern mithörten, war nun erwiesen. Seitdem fragte ich mich, wer wohl in unserem Tross der Stasiagent gewesen war und was in seinen Aufzeichnungen steht.

Im Kreis von weltreisenden Musikern fühlte ich mich sehr wohl, weil sie meinen Blickwinkel erweiterten und eben Perspektiven und Ansichten einbrachten, die ich so noch nicht gekannt hatte. Allein ihr Vokabular war eine absolute Bereicherung in der Kommunikation. Ähnliche Erfahrungen machte ich mit den Teenie-Idolen der dänischen Bands Mabel und The Walkers, ja selbst mit Mitgliedern von Fonográf aus Ungarn. Die Ungarn zeigten einen anderen nationalen Stolz als wir. Sie dachten und redeten liberaler und traten selbstbewusster auf, als ich es im eigenen Land vielfach erlebte. So brachte mir die Tätigkeit als Reiseleiter frühzeitig Erfahrungen und Erkenntnisse, die sich später als sehr nützlich erwiesen.

Soulful Dynamics »Mademoiselle Ninette« (1970)
Exile »Kiss You All Over« (1978)
Smokie »Oh Carol« (1978)

Große Klappe aus Berlin

In Dresden wurde gern und mit Nachdruck auf Tradition geachtet. So verwandelte sich das *Café Prag*, eine HO-Gaststätte am Altmarkt, in den Abendstunden in ein Varieté. Das war Anfang der achtziger Jahre schon ein altmodischer Begriff, aber in Dresden lebte er weiter. Die Mitarbeiter setzten alles daran, dass der Laden abends plüschig wirkte. Sicher lag es auch an den Gästen. Die zeigten bei den meisten Darbietungen das »Ob das gutgeht?«-Gesicht.

Artistinnen, Zauberer, Sängerinnen und Sänger aus der gesamten DDR gaben mit Leidenschaft und Seele ihr Bestes, um das kritische Publikum angemessen zu unterhalten. Es war Gesetz, dass ein gewitzter Conférencier (hier wurde er auch so genannt) klug und verbindlich durch das Programm führte. Es wurde erwartet, dass der Sprecher, so die offizielle Berufsbezeichnung, die auch in der Zulassung stand, mit einem Feuerwerk an Bonmots und Spitzfindigkeiten die sozialistische Idee von Unterhaltung repräsentierte. Gleichzeitig aber der unausgesprochenen Verabredung zwischen Publikum und Sprecher entsprach, die Zustände, zum Beispiel bei der unzureichenden Versorgung, Warteschlangen vor Geschäften, mangelhafte Wohnsituation usw., geflissentlich so zu erwähnen, dass alle ordentlich was zu lachen hatten. Der stets anwesende Spitzel von »Horch und Guck« sollte schließlich auch etwas zu melden haben. Wirkliche Meister, wie die einzigartigen Conférenciers O. F. Weidling und Fred Gigo, verstanden es tatsächlich mit Intelligenz, Charme und Humor systemkritisch zu sein, ohne dafür von der Bühne weg verhaftet zu werden. Sie verklausulierten, setzten kunstvolle Sprechpausen und hatten Erfolg auch mit dem, was sie *nicht* sagten – von dem aber alle wussten. Ein Phänomen, das es in einer freien Welt so nicht gibt.

Als ich Anfang des Jahres 1980 das Angebot bekam, im *Café Prag* aufzutreten, hatte ich in erst wenige Erfahrungen als Moderator gesammelt. Ich machte ein bisschen was im Jugendfernsehen des zweiten Programms, schrieb Manuskripte für andere Moderatoren beim Jugendradio und moderierte hin und wieder selbst Beat-Sendungen bei Stimme der DDR. Auge in Auge mit einem Publikum hatte ich gestanden, als ich Rockbands und Schlagerveranstaltungen moderierte. Außer dass ich viele Artisten und Stimmungssänger kannte, fehlte mir die Kompetenz. Dennoch fühlte ich mich stark genug für das *Café Prag*. Eine Fehlinterpretation meiner Möglichkeiten und keiner hat es mir gesagt.

Was ich gelernt hatte war, dass für Lacher und zustimmendes Jubeln oft nur kleine Doppeldeutigkeiten gespickt mit Reizwörtern reichten. Zum Beispiel: »sozialistische Wartegemeinschaft« statt Schlange stehen oder »Fleisch und Wurst waren« statt Fleisch- und Wurstwaren, wie es oft auf den Schildern über den Konsum-Läden stand.

Eines Tages sah ich mich also als Möchtegern-Conférencier in der Reihe mit O. F. Weidling oder dem Wortjongleur Lothar Wolf, der noch heute als Gentlemen-Conférencier arbeitet. Wolfs Markenzeichen waren und sind eine ausgefeilte Rhetorik und eine tadellose Erscheinung. Er war zu Beginn meiner Sprecherlaufbahn eine überschaubare Zeitlang mein Mentor, der es sehr schwer mit mir hatte. Als junger Wilder fühlte ich mich dem Ungehorsam und somit dem Anspruch verpflichtet, alles anders, wenn nicht sogar besser machen zu müssen. Am meisten hasste ich seine akribische Vorbereitung. Hätte ich mich nicht bockig gesperrt und den einen oder anderen Rat des erfahrenen Mannes angenommen, wären mir und dem Publikum damals in Dresden einiges erspart geblieben.

Obwohl der Auftritt im *Café Prag* für mich Ehre und Herausforderung zugleich bedeutete, hatte ich die ganze Sache total unterschätzt. Die Meister ihres Faches von »alter Schule« hatten die Messlatte hoch gelegt. Das politisch-intellektuelle Klima damals in Dresden war eine fremde Welt für mich, und dass ich aus Berlin, der Hauptstadt der Deutschen Demokratischen Republik, kam, machte die Sache keinesfalls leichter. Wusste doch jeder, dass die Berliner mit Obst und anderen raren Leckereien bevorzugt versorgt wurden, ich auch noch Nutznießer dieser unverdienten Vergünstigungen war. Außerdem boten die Dialekte der Berliner und der Sachsen viel Zündstoff für eine eher angespannte Kommunikation. Ich war nicht gut genug, um mich trotzdem durchzusetzen.

Zur Premiere der Show kam Ernst Günther, der nur »Ergü« genannt wurde. Er war Kritiker beim *Sächsischen Tageblatt*, der Vorgängerzeitung der *Dresdner Neuesten Nachrichten*. Traditionell saß er auf seinem Stammplatz, ließ sich kaum etwas anmerken und schrieb, gnadenlose Kritiken. Er war gefürchtet und geliebt. Was Ergü schrieb, hatte Hand und Fuß. Was er mir nach meinem Auftritt *Café Prag* bescheinigte, war zwar freundlich und wohlwollend geschrieben, aber ich las sehr wohl zwischen den Zeilen, wie niederschmetternd er urteilte. Verdammt, er hatte recht, das war nicht mein Anspruch. Jahre danach, ich war längst bekannt wie ein bunter Hund, war es Wolfgang Stumph, der, ohne es zu ahnen, den Anstoß gab, über meine, wie wir heute sagen, Personality und meinen Anspruch an mich selbst nachzudenken und zu handeln. Mehr dazu später.

Patrick Hernandez »Born to be Alive« (1978)
Art Garfunkel »Bright Eyes« (1979)
Supertramp »The Logical Song« (1979)

Singen mit Schießbefehl

Die örtliche Konzert- und Gastspieldirektion (KGD) des Bezirks Gera, die in weiten Teilen des heutigen Thüringen die Monopolstellung bei der Vermittlung und Vertragsabwicklung von Künstlern innehatte, war verantwortlich für eine Tour zu den kleinen Ortschaften, die in unmittelbarer Nähe der Grenze zum Klassenfeind lagen oder sogar durch die Grenze geteilt wurden.

Inmitten der Mauer in Richtung Westen und einem hohen Zaun in Richtung Osten, nur mit Passierschein und einer Grenzkontrolle und allem was dazugehört zugänglich, hatten die Menschen ihre Heimat zwischen den Welten. Unter ständiger Bewachung der Grenzsoldaten gab es für sie niemals spontanen Besuch zu Hause. Sie waren noch eingesperrter als der Rest des Landes. Schwer vorstellbar, welche Qualität das soziale Leben dort hatte. Unsere Tour dorthin war eine seltene Abwechslung, eine absolute Ausnahme im Alltag zwischen den Zäunen und sollte Zerstreuung bringen und Normalität vorgaukeln.

Als ständige Begleitung hatten wir zwei Mitarbeiterinnen der KGD an unserer Seite. Adele Walther (mittlerweile langjährige Managerin von Karat und Ute Freudenberg) als Reiseleiterin und eine »Schwälbchen« genannte, junge, ebenfalls sehr attraktive Verführung, über deren Aufgabe ich nur spekulieren kann. Gemeinsam mit meinem Partner samt unserer Discotechnik und einem verwegenen Häuflein Künstler fuhr ich in das für den öffentlichen Verkehr und normalsterbliche DDR-Bürger gesperrte Grenzgebiet und zelebrierte unsere Lieder und unseren Spaß.

Einmal, nach einer Veranstaltung in einem typischen Kneipensaal, wie man ihn in jeder Dorfschenke findet, als man uns wie so oft nicht ziehen lassen wollte, mussten wir in geselliger Runde mittrinken. Ausgeschenkt wurde angeblich von den Einwohnern selbstgebrautes Bier. Die Biertrinker unter uns schwärmten noch Tage danach von seinem ausgezeichneten Geschmack. Ein rotnasiger Fähnrich der Grenztruppen, der in seinem Rausch ständig von der Bedeutung der Grenze und seiner Aufgabe bei ihrer Sicherung sprach, redete sich dermaßen in Rage, dass einem himmelangst werden konnte. Wir, die wir doch in friedlicher Absicht gekommen waren, wollten nur noch weg, bloß raus aus dieser völlig verstörenden Situation. Je mehr Fusel eingeschenkt wurde, umso böser wurde der Feind jenseits der Mauer – dabei waren dort auch Mitglieder von Familien, die durch den Riss mitten durch den Ort getrennt worden waren. Unglaublich, was der Ort, die Grenze, die Situation aus manchen Menschen machte. Bewundernswert, wie andere, die dort lebten, sich eine Art von Normalität geschaffen hatten, und seltsam, wie schnell auch wir uns an die Situation gewöhnten.

Ich erinnere mich an eine andere Grenztour mit Peter Tschernig, dem Johnny Cash der DDR, und dem Duo Holger & Norbert, zwei singenden und gitarrespielenden Sunnyboys, die mit Songs von Simon and Garfunkel die Herzen eroberten. Später sind sie als H&N sehr erfolgreich in meiner TV-Sendung »Bong« aufgetreten.

Während wir im Schatten der Mauer »Hits mit Witz« abspulten, hielten tatsächlich zwei Grenzsoldaten mit Maschinenpistole im Arm direkt an der Bühne Wache. In einem der Orte wäre man mit einem Sprung aus dem Fenster im Westen, auf BRD-Gebiet, gewesen, aber die Fenster hatte man mit Brettern zugenagelt.

Barclay James Harvest »Life is for Living« (1980)
AC/DC »Highway to Hell« (1979)
Simon and Garfunkel »Bridge over Troubled Water« (1970)

»Bong« wird erfunden

Ende 1982, es war die hohe Zeit der Neuen Deutschen Welle in der BRD, fiel irgendjemandem auf, dass das »Schlagerstudio«, eine seit 1970 ausgestrahlte monatliche Hitparade im Fernsehen der DDR, nicht mehr zeitgemäß war. Die Sendung war in die Jahre und nun auch in die Kritik gekommen. Trotz oder vielleicht wegen der osteuropäischen Künstler, die in meiner Erinnerung das »Schlagerstudio« dominierten, sank der Stern der Show, an deren Ende als Überraschung immer ein Tier zur Verabschiedung auf die Bühne getragen, gezogen oder geschoben wurde. Vielleicht waren auch die Tiere ausgegangen, jedenfalls lockten traditionelle Schlager und ihre Präsentation im Rüschenkleid und weißen Sakko keine jungen Zuschauer mehr vor den Fernseher. Selbst ältere FDJ-Funktionäre hatten dies erkannt und sich bei einer Kulturkonferenz diesbezüglich lautstark ins Zeug geworfen. So hoch war das Thema angebunden, dass akuter Handlungsbedarf bestand.

Nun, das DDR-Fernsehen war nicht gerade ein Füllhorn junger, unkonventioneller Moderatoren. Das war mein Glück. So wurde ich eines Tages, kaum dass meine Karriere als einer von drei Moderatoren eines »Abends für junge Leute im Zweiten« begonnen hatte, quasi abberufen. Der

Auftrag lautete, eine monatliche Wertungssendung mit modernem Charakter für das Abendprogramm zu entwickeln. Das ist der Idealfall für ein aufstrebendes Talent, wie ich es war. Es ging nicht darum, einen alten Dampfer wieder flottzumachen, sondern wir konnten komplett neu denken und unsere Ideen einbringen. Das Team, unser späterer harter Kern mit Regie, Musikredakteurin, Redakteur, Bühnenbildner und mir, setzte sich zu einem wochenlangen Brainstorming zusammen, bis endlich weißer Rauch aufsteigen konnte. Im Westen hatte Frank Elstner gerade seinen TED (Teledialog) eingeführt, mit dem Zuschauer während der Sendung telefonisch ihre Stimme abgeben konnten. Das gab es nicht bei uns, schon weil die wenigsten DDR-Bürger über einen Telefonanschluss verfügten. Wir mussten auf den guten Willen von Zuschauern bauen, die gern Postkarten schreiben, wenn wir eine Abstimmung wollten. Am Ende waren wir sicher, die beste Lösung für eine Publikumswertung gefunden zu haben, die jeder schnell verstand und die uns eine ausreichende Abwechslung in der Show sicherte. Wir wollten nicht ewig dieselben Künstler mitschleppen, gleichzeitig aber auch eine angemessene finale Würdigung ihres Auftrittes präsentieren.

Wir hatten ein Sendungsformat von fünfundvierzig Minuten. Das reichte, um acht Songs vorzustellen, aus denen die Zuschauer drei nominieren konnten. Wer dreimal hintereinander nominiert wurde, sollte einen Pokal, einen Preis, eine goldene Platte, was auch immer, jedenfalls eine würdige Trophäe bekommen.

Mit unendlich viel Blabla lehnte der Bereichs- und Bedenkenträger der Abteilung Unterhaltung dieses Konzept ab. Auch unser zweites Konzept wurde schnell abgeschmettert – obwohl wir die guten Vorschläge des Bereichsleiters berücksichtigt hatten. So lief das ein paar Mal hin und her, bis wir, der Diskussion überdrüssig, das erste Konzept umformulierten und erneut einreichten, diesmal aber den Titel der Sendung gleich mit präsentierten: »Bong«. Daraufhin entbrannte im obersten Gremium des DDR-Fernsehens eine hitzige Debatte um den Titel. Das Konzept spielte dabei fast keine Rolle mehr und so war unser Ablenkungsmanöver geglückt. Am Ende durfte unsere kleine Sendung »Bong« heißen. Wir hatten unsere Ideen durchgesetzt und es konnte losgehen.

Frank Schöbel »Man kann sich dran gewöhnen« (1980)
WIR »Superschlank« (1984)
Angelika Mann »Bitte lass dir das nicht nehmen« (1983)

»Ich liebe jede Stunde«

Dieser Song von Karat war der erste Titel in der Premiere von »Bong«. Direkt nach einem kunterbunten Vorspann mit »Computerträume« von den Puhdys als Einspieler ging es los mit dieser in Ost und West bekannten Band um Herbert Dreilich. Der Plan war, dass direkt nach dem Abebben des Applauses ich, der neue Moderator, mit einem riesen Schwung durch eine Wand brechen und ins Studio fallen sollte. Der inszenierte Durchbruch für mich, für eine neue Show und für neue Ideen. Im Prinzip großartig und dennoch ... an der Umsetzung dieses Einstiegs zeigte sich, wie es viele Jahre fast immer ablief – mit Einschränkungen. So viele »Ja, aber!« wie während meiner Fernsehzeit hatte ich vorher noch nie gehört. Das tat aber meiner Begeisterung und unserem Ideenreichtum keinen Abbruch.

Aus der Wand mit Styroporsteinen, die in Zeitlupe auseinanderfliegen sollten, wurde ein Hintergrund aus Papier. Mein erster Auftritt wurde also kein Durchbruch, sondern ein *Zerriss*. Selbst der nur halbherzig, denn der Abstand zwischen Papier und Studiowand war so eng, dass ich nicht mit Schwung, sondern nur mit Mühe das dicke Papier aufreißen konnte und dann ins Studio stolperte.

Meine allerersten Worte: »Guten Abend, so wird man hier in eine neue Sendung geworfen.« Na ja, ging so, aber der Anfang war gemacht. Was dann kam, waren großartige Jahre mit einem tollen verschworenen Team, Tausenden von kleinen und großen Ideen, für die wir viel Lorbeer, einen Kunstpreis und einige andere Auszeichnungen erhielten und ich mehrere Male »Fernsehliebling« wurde. Diesen Zuschauerpreis gab es einmal im Jahr für die zehn beliebtesten Schauspieler, Moderatoren, Reporter und andere, von der ideellen Wertigkeit her war er vielleicht vergleichbar mit der Goldenen Kamera. Später werden Sie lesen, wie ich zwischen Nominierung und Verleihung wegen zu großer Klappe aus dem Rennen genommen wurde.

Jede Idee, die das »Bong«-Team gemeinsam gebar, wieder verwarf oder mit viel Aufwand und Fantasie umsetzte, jede Stunde, die wir in total verqualmten Redaktionskonferenzen verbrachten, waren eine großartige Erfahrung und Bereicherung für mich. Wir hatten Neuland nicht nur betreten, wir hatten es bestellt und konnten viele Jahre reiche Ernte einfahren. Es war Helga Hahnemann, die direkt im Anschluss an die »Bong«-Premiere anrief und mir sinngemäß sagte: »Dit war schon sehr schön,

Kleener, mach bloß so weiter und lass dich nicht von den alten Leuten verbiegen.«

Das habe ich versucht, wo immer es möglich war. Habe aber auch die Grenzen schnell kennengelernt.

Puhdys »Computerträume« (1983)
Karat »Ich liebe jede Stunde« (1981)
Wolfgang Lippert »Erna kommt« (1983)

Weil Musik Spaß machen soll

Da das Wort »Bong« mit keinerlei Inhalt belegt war, suchten wir nach einem erklärenden Untertitel für die Sendung. »Weil Musik Spaß machen soll« erklärte unsere Absicht und wurde zu unserem Anspruch. In all den Jahren haben wir konsequent an unserem Modell der gemeinsamen Titelauswahl festgehalten. Unsere Musikredakteurin Gudrun Piepenburg stellte alles, was neu war und in unser Konzept passte, vor und wir entschieden uns stets im Sinne der Show für oder gegen einen Titel. Keine Freundschaftsauftritte oder sonstigen Gefälligkeiten. Eine kommerzielle Musikindustrie mit Interesse daran, ihre Künstler zu platzieren, gab es nicht. Alle materiellen Verlockungen, die damit einhergehen, waren uns fremd.

Nur zwei-, dreimal wurden uns Künstler, die wir nicht auf dem Zettel hatten, von übergeordneter Stelle in die Sendung gedrückt. Nach einem geschickt lancierten Hinweis aus irgendeinem Büro in der Parteizentrale oder dem

Ministerium für Kultur standen plötzlich Interpreten im Studio, die nach unserem Verständnis von Zeitgeist nicht zum Erfolg unserer Sendung beitragen konnten. Wir machten aber ein tolles Video und blieben damit wenigstens optisch auf unserem Level. Popmusik braucht Bilder, das war unsere Maxime. Zeitgleich mit »Bong« war in der Bundesrepublik »Formel Eins« gestartet und auch der »Musikladen« war ein Füllhorn an bunter Verpackung für schnelllebige Musik, da wollten wir nicht nachstehen. In stundenlangen Raucherorgien brüteten wir gemeinsam über Ideen für Videoumsetzungen.

So wurde jeder Studioauftritt vor Publikum mit Videosequenzen aufgepeppt, und wenn es mal an Equipment mangelte, wurde improvisiert. Als wir zum ersten Mal einen Laser einsetzten, um diesen damals sensationellen neuen Tunneleffekt zu erzeugen, war in dieser Nachtproduktion die einzige Nebelmaschine der Effektabteilung woanders im Einsatz.

Das war die Stunde der Raucherfraktion. Entgegen allen Vorschriften qualmten wir, was das Zeug hielt, bis genug »Nebelschwaden« im Studio waberten, um den Laser sichtbar zu machen. Das Improvisieren war typisch für unsere Produktionen. Da, wo im Westen neue Videoschnitttechnik zum Einsatz kam, mit der sich Bilder um die eigene Achse drehen ließen, drehten wir die Monitore von Hand und filmten es ab. Das sah am Ende fast genauso aus wie im »Musikladen«. Den habe ich oft zu Studienzwecken geschaut und mir Inspiration geholt. Übrigens lernte ich dreißig Jahre später einen Mann aus dem »Musikladen«-Team kennen: Jörg Sonntag. Er verriet mir, dass auch die Kollegen im Westen Anregungen gesucht und durchaus bei »Bong« gefunden hatten.

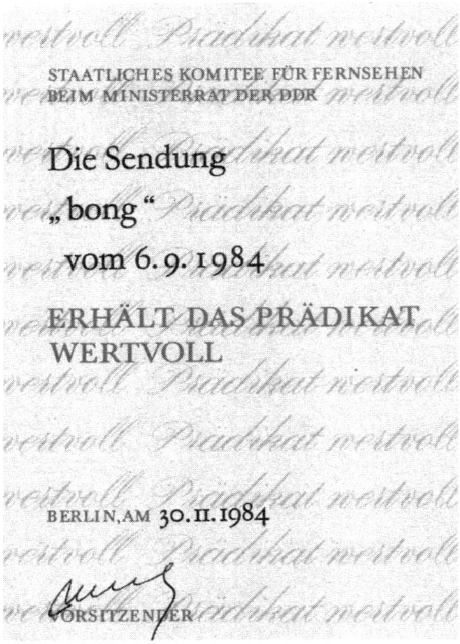
STAATLICHES KOMITEE FÜR FERNSEHEN
BEIM MINISTERRAT DER DDR

Die Sendung
„bong“
vom 6. 9. 1984

ERHÄLT DAS PRÄDIKAT
WERTVOLL

BERLIN, AM 30. 11. 1984

VORSITZENDER

Bis Anfang der achtziger Jahre wurde jedwede Musik von Schlager bis Rock ausschließlich in staatlichen Produktionsstudios entweder im Rundfunk oder bei AMIGA aufgenommen. Festangestellte Toningenieure und Produzenten leiteten die Aufnahmen. Nun änderte sich das, denn AMIGA, die volkseigene Schellackplattenfirma, wie ich sie immer nannte, ging bei der Produktion von Pop- und Rockmusik neue Wege und lagerte die Aufnahme und Mischung teilweise in private Studios aus. Das bedeutete, Produktionsmittel befanden sich in privater Hand, und das in einem Land, wo doch alles Volkes Eigentum sein sollte.

Alles, was dort am Rande der Legalität entstand, wurde staatlich geduldet und bei AMIGA veröffentlicht. Der Bandleader von Stern Meißen, Martin Schreier, und Harry Jeske von den Puhdys, der Jazzmusiker Günther Fischer und einige andere unterhielten solche hochgerüsteten Tonstudios. Mit ihren privaten Investitionen sorgten sie für modernen Sound und neue Songs mit jungen Einsteigern, die die eingefahrene Zunft aufmischten. So entstand zum Beispiel im Studio von Gunther Wosylus, dem ehemaligen Puhdys-Drummer, einer der populärsten Hits der DDR, der vor allem wegen des verhassten Grundwehrdienstes seine Fans erreichte: »Zeit, die nie vergeht« von Michael Barakowski gelangte in einem unscheinbaren Päckchen per Post zu AMIGA und wurde nach der Veröffentlichung zur Hymne aller NVA-Soldaten.

Dass der Staat den Besitz von Produktionsmitteln, den Karl Marx schon als Ursache allen kapitalistischen Übels ausgemacht hatte, zuließ, hatte wohl zwei gute Gründe. Zum einen wurden die wenigen staatlichen Studios dadurch entlastet und zweitens sollte es den unbändigen kreativen Geistern das Gefühl von Liberalisierung geben. Unter den Musikern und Interpreten, mit denen ich zu tun hatte, war das als ein großes Täuschungsmanöver erkannt worden, aber es schuf einen wunderbaren Spielplatz für die Branche und wurde eifrig genutzt. Die Popmusik erlebte dadurch tatsächlich einen Kick. Auch gestandene Schlagerkomponisten wie Arndt Bause erweiterten so ihr Schaffen und bescherten der ostdeutschen Musikszene halbwegs den Anschluss an internationale Strömungen, insbesondere an die Neue Deutsche Welle.

Kreative Köpfe wie IC, der heute unter dem Namen Falkenberg als Singer/Songwriter sein Profil geschärft hat, oder Ralf »Bummi« Bursy produzierten schon damals unabhängig in ihren privaten Studios. Der Komponist Arnold Fritzsch arbeitete ebenfalls losgelöst von volkseigener Technik mit verschiedenen Künstlern. In seinem Studio entstanden Titel unter anderem mit Wolfgang »Lippi« Lippert, Ines Paulke, Arnulf Wenning und Olaf Berger.

Der wirklich neuralgische Punkt bei der Sache waren die Texte. Das zentralistische System brauchte eine »Endkontrolle« der geschliffen und meist verschlüsselt formulierten Botschaften in Schlagern und Popsongs, vor allem aber in der rebellischen Rockmusik. Diese hatten die Kulturfunktionäre der über allem stehenden Partei einem ausführenden Organ übertragen: Ein sogenanntes Lektorat bewertete alle Songs hinsichtlich der ideologisch-politischen Aussage. Entweder wurden die Texte freigegeben oder abgelehnt oder mit Änderungsvorschlägen den Autoren zur Nachbearbeitung zurückgegeben. Ich hörte schaurige Geschichten von Interessenkollisionen und Begünstigungen, denn im Lektorat saßen auch Autoren, die selbst Songs verfasst hatten, die es zu bewerten galt. So trugen diese »Wächter der Reime« auch den einen oder anderen persönlichen Disput auf Kosten gesellschaftskritischer Betrachtungen in der populären Musik der DDR aus.

Bei AMIGA entschied der Chefredakteur nach einer Diskussion im erweiterten Kreis von Mitarbeitern über die Veröffentlichungen. Bei uns in der Redaktion kamen dann alle »abgesegneten« Songs an und wir suchten einmal im Monat fünf neue für »Bong« aus. Unsere Musikchefin Gudrun Piepenburg wandte dabei einen cleveren Trick an. Sie spielte uns die Songs meistens vor, ohne uns die Interpreten oder Hintergrundinformationen zu nennen. Wir entschieden dann nach Gehör, Gefühl und Gewissen. Alles, was unserer Auffassung nach altmodisch klang oder aus anderen Gründen nicht unserem Anspruch gerecht wurde, fiel durch. Da ging einiges direkt zurück zum Absender oder in andere Redaktionen, denn in unserer Abteilung gab es eine zweite Musiksendung, in der die Schlager ihr Zuhause hatten.

Erfrischenderweise tauchte der gute Thomas Lück mit »Kurschatten« bei uns auf. Diesen Song hatte Dieter »Maschine« Birr von den Puhdys ihm geschrieben. Mit Selbstironie schaffte es Thomas bis zum Silbernen Bong. Ein anderes Mal zeigte unsere Musikredakteurin das Foto eines Newcomers herum: ein Frauenschwarm, der damals dreiundzwanzigjährige, blonde, gutaussehende Olaf Berger. Es ist überliefert, dass ich, noch bevor wir den Song hörten, sagte: »Egal, wie der jetzt klingt und was der singt, den nehmen wir.« Wir hörten dann trotzdem noch den Song »Es brennt wie Feuer« – einen typischen Schlager, aber frisch und authentisch. Irgendwie klang der auch nicht so »topfig« wie viele der Produktionen aus dem Rundfunk. Bei manchen Songs überkam einen nämlich das Gefühl, als wäre eine Filzdecke über die Lautsprecherboxen gezogen worden.

Olaf Berger wurde dann neben Inka und Bummi einer der Hitgaranten in unserer kleinen Show, die sich anmaßte, den Musikgeschmack im Lande zu kennen und zu beeinflussen.

Je besser es für uns lief, je mehr sich unser Konzept durchsetzte, desto offener wurden die Sticheleien und Anfeindungen einiger etablierter Künstler, die mit dem alten »Schlagerstudio« eine ihrer Auftrittsmöglichkeiten im Fernsehen verloren hatten und die wir bei »Bong« nicht ins Studio lassen wollten.

Olaf Berger »Es brennt wie Feuer« (1985)
Inka »Spielverderber« (1985)
Markus »Ich will Spaß« (1982)

»Bong« backstage

Wann immer es zu (n)ostalgischen Betrachtungen oder einem Erinnerungsaustausch mit Zuschauern von damals kommt, ist die meistgestellte Frage die nach den verrückten Anekdoten, nach den verbotenen oder verruchten Dingen, die hinter den Kulissen passiert sind.

Peinliches, schmutziges und hinterhältiges Geschwätz war noch nie mein Stil, und daran wird sich nichts ändern. Natürlich ist mir nicht verborgen geblieben, dass es in den Pausen, in denen das Studio in trüber Arbeitsbeleuchtung jeden Showglanz vermissen ließ, hinter einem dicken, vermeintlich schallisolierenden Moltonvorhang auch mal Sex unter Kollegen gab. Selbstverständlich wusste ich, welche der jungen Sängerinnen welchem Produzenten wie ihre Karriere verdankte. Auch wahre Liebe gab es unter den Mitwirkenden. So führte die vielgepriesene Völkerfreundschaft zwischen der ČSSR und der DDR sogar zu einer Hochzeit. Das Duo Hana & Dana, zwei hübsche Sängerinnen aus Prag, hatten ihr männliches Pendant in H&N (Holger und Norbert). Eines Tages hatten Holger und Hana heimlich geheiratet und keiner durfte es wissen.

Dass das Verschieben von gebrauchten Autos und zuverlässigen Handwerkerleistungen in einem direkten Verhältnis zueinander stand, daran kann sich jeder, der im Osten Deutschlands gelebt hat, noch erinnern. Das war in der Unterhaltungsbranche nicht anders. Gefühlt gab es in jeder Band einen Musiker oder Manager, der geschäftstüchtiger war als die anderen.

Es ist kein Geheimnis: Bei den Puhdys war das Harry Jeske. Was Harry zu seinen besten Zeiten zusammengedealt hat, ist legendär. Als einmal die FDJ zum Abschluss eines großen Stadionevents ein Feuerwerk zündete, ließ Harry seinen goldfarbenen Mercedes unbeeindruckt im Ascheregen stehen, um sich danach das Auto auf Kosten des Veranstalters neu lackieren zu lassen. Unsere eingeschworene Zweckgemeinschaft wurde auch durch den Mangel an Transportfahrzeugen, unter dem alle gleichermaßen litten, zusammengehalten. Die Gruppe Karat hatte sich im Westen einen ausgedienten Möbeltransporter für ihre Technik angeschafft. Diesen riesigen Mercedes-Lkw sah ich später im Jahresrhythmus immer bei einer anderen Band. Genauso verhielt es sich mit dem Barkas B 1000 – so ein Kleintransporter wurde ebenfalls ständig weiterverkauft, wahrscheinlich immer gewinnbringend. Schließlich landete er oft völlig überbezahlt bei Orchesterleitern im Vogtland, die dort am Ende der sozialistischen Nahrungskette, weitab vom regen »Warenaustausch« der Szene, zusehen mussten, wie sie zurechtkommen.

Eine weitere, mit nicht wenigen Risiken verbundene Besonderheit unserer Beziehungen war sicher das illegale Beschaffen von Musikinstrumenten und Tontechnik. Da gab es »Spezialisten«, die für viel Geld alles besorgten, was benötigt wurde, um mit ansprechender Qualität aufzutreten. Eine zuverlässige Quelle waren die Reisekader bei den großen Bands, also diejenigen, die in den Westen fahren konnten. Bei denen war viel Platz im Lkw, um Equipment ins Land zu schaffen. Was bei Konzerten und Tanzveranstaltungen zwischen Suhl und Rügen an geschmuggelter Technik auf den Bühnen stand, hätte sämtliche Zollgebäude überquellen lassen, wenn man diesem Schmuggel ernsthaft nachgegangen wäre. Ich glaube, hier wurde einiges geduldet, da die Volkseigenen Betriebe vorrangig andere Grundbedürfnisse decken sollten und damit dem Bedarf schon hinterherhinkten. DDR-Marken wie

Vermona oder Weltmeister hatten auch nicht den besten Ruf, um das vorsichtig auszudrücken.

Pankow »Wetten, du willst« (1986)
IC »Dein Herz« (1988)
Tina »Urlaub auf dem Meeresgrund« (1983)

Marktplatz der Eitelkeiten

Bevor »Bong« ab 1988 live ausgestrahlt wurde, war die Sendung immer am Nachmittag des Sendetages aufgezeichnet worden. Während der Generalprobe plapperte ich ungeachtet der Befindlichkeiten und ohne Vorbehalte drauflos. Getreu unserem Motto »Weil Musik Spaß machen soll« ließ ich zur Freude aller beteiligten Gewerke und Künstler entsprechend meinen bescheidenen rhetorischen Fähigkeiten keinen Gag und keine Anspielung aus. Die Stimmung war prächtig, es wurde viel gelacht und mein Ego wurde durch anerkennendes Schulterklopfen gestärkt. Das ist wichtig, denn auch wenn eine Sendung ausgestrahlt wird, heißt das noch lange nicht, dass sie auch *Ausstrahlung* hat.

Während also zwei Stunden vor der eigentlichen Sendung alle in die Kantine oder die Maske gingen, traf sich der harte Kern zur sogenannten Abnahme. Da gab es dann neben fernsehspezifischen Anmerkungen für Regie und Kameraleute auch immer wieder sehr ernstgemeinte Hinweise bezüglich der Moderation. Jede einzelne Wortpassage wurde auf inhaltliche und ideologische Korrektheit abgeklopft. Nun bin und war ich wahrlich in meiner Arbeit niemals besonders politisch, aber wenn jemand die Flöhe husten hören will, dann hört er sie auch. Um zu verhindern, dass eine Musiksendung den Sozialismus in eine tiefe Krise stürzt, gab es die Abnahme, in der alles, was als provozierende Attacken gegen Staat und Gesellschaft gedeutet werden konnte, eliminiert wurde.

Diese Aufgabe hatte unser stets seinen Kinnbart zupfender Redaktionsleiter. Ein Taktiker durch und durch, der keine Entscheidung traf, ohne weitere Spielzüge vorauszubedenken. Zitate aus meiner Erinnerung: »Kannst du so machen, dann passiert dies …« Oder: »Mach's doch so, dann hast du deinen Willen, ich meine Ruhe und wir sind auf der sicheren Seite.« Aber auch: »Seit wann bist du so blöd?«

Da er für das gesprochene Wort verantwortlich war, stutzte er mich dort zurecht, wo es aus seiner Sicht nötig war. Abgesehen davon, dass es meine Eitelkeit verletzte, kostete mich das oft meine Unbefangenheit und meine gute Laune, obwohl es überhaupt nicht persönlich gemeint war. Da er den Laden besser kannte als ich und den kleinsten Windhauch auf der nach oben offenen Agitations- und Propagandaskala wahrnahm, war ich gut beraten, seinen Empfehlungen zu folgen. Ganz nebenbei: Er hatte es auch nicht leicht. Um an die richtig großen Räder zu gelangen, musste er an hartgesottenen, altgedienten Genossen vorbei, die sich den Nimbus der Unantastbaren durch frühere Verdienste und geschicktes Taktieren hart erarbeitet hatten. Die ließen ungern Nachrücker in ihre Nähe. Wie es viele Menschen aus eigenem Erleben kennen, war auch im Osten der Weg nach oben mit klebrigen Stolperfäden und Fallen versehen. So befand sich auch mein Redaktionsleiter in Habachtstellung und baute sein eigenes Netz unter den Argusaugen der etablierten Macher und Lenker aus.

In der Unterhaltungsabteilung des DDR-Fernsehens entstanden, rückblickend betrachtet, sehr vorzeigbare Sendungen von hoher Qualität. Viele Konzepte sind bis heute wegweisend. Zum Beispiel finden sich Grundgedanken, sogar einzelne Elemente von »Glück muss man haben« oder »Spielspaß« in TV-Shows, die auch heute Quotenbringer sind.

Dass bei »Bong« im Nachhinein trotz aller Abstriche ein frischer, bisweilen frecher Eindruck vom Moderator entstand, ist nur der Tatsache geschuldet, dass sich unser komplettes Erscheinungsbild, und damit meine ich auch meine zum Teil albernen Klamotten, vom Rest des DDR-Fernsehprogramms und dem oft zitierten DDR-Grau abhob. Einem Narren im verrückten Kostüm gesteht man mehr Schabernack zu, als wenn er sich zu seriös gibt, anders formuliert: Dummheiten darf man sagen, nur nicht in feierlichem Ton und mit seriösem Auftreten, meine Verkleidung unterstützte diese These. Das hatte ich frühzeitig erkannt und stets darauf geachtet, meine Marke diesbezüglich zu pflegen. Es ist doch so: Ob klug oder banal, ob seriös oder albern, wer sich vor andere Leute hinstellt, um sich als was auch immer zu präsentieren, hat entweder eine äußerst ehrenwerte Botschaft, oder ein starkes Ego und eine mehr oder weniger stark ausgeprägte Eitelkeit. In meinem Fall war es nun mal so, dass ich keine überlebenswichtige Botschaft hatte, und das erwartete auch niemand.

Das Fernsehen unterstützte mich bei der Wahl meiner ausgefallenen Garderobe nach Kräften. Man gestattete mir, mich nach Herzenslust aus dem Fundus an Sakkos und Anzügen der Fernsehansager zu bedienen. Das war die gruseligste Ansammlung von langweiligen Roben für graue Mäuse, die man sich vorstellen kann. So kam mein damaliger geheimer

Die Favoriten der Zuschauer

Interpret	»Silberner bong«
Inka	1985, 1986, 1987, 1988, 1989
Puhdys	1983, 1984, 1986, 1989
Ralf Bursy	1986, 1987, 1988
Olaf Berger	1986, 1987, 1989
Tina	1983, 1987, 1988
Jörg Hindemith	1983, 1984, 1988
IC	1986, 1987, 1989
Ute & Jean	2× 1985, 1989
Bernd Walter	1988, 1989
Ines Paulke	2× 1988

Den ersten »Silbernen bong« erhielt KARAT im Mai 1983, der letzte der insgesamt 69 Zuschauerpreise ging im Juni 1989 an Inka.

Modemacher, ein begabter Amateurschneider, der einen Großteil der Ostberliner Szene einkleidete, zum Zuge. Bei allen öffentlichkeitswirksamen Einsätzen trug ich maß- und handgeschneiderte exaltierte Klamotten von Uli Haase. Für mich waren das Tarnanzüge, mit denen ich Unsicherheiten kaschierte oder von Schwächen abzulenken versuchte. Einmal traf ich bei einer Veranstaltung Tamara Danz mit einer Jacke aus dem gleichen Leder wie mein Anzug. Keiner von uns beiden wusste, wer die Reste des anderen auftrug. Uli, das tapfere Schneiderlein, hatte wieder zugeschnitten.

Als meine sehr leidensfähige Kostümbildnerin eines Tages aufgab, mich verkleiden zu wollen, stellte das Fernsehen mir eine sehr junge innovative Designerin an die Seite, die selbst meinen Meister Nadelöhr an verrückten Ideen übertraf, und wir experimentierten mit Farben, Stoffen und Schulterpolstern, bis die Augen schmerzten, wie es in den Achtzigern nun einmal erwartet wurde.

Den Fürsten der Eitelkeit aber traf ich, als ich hinter den Kulissen einer TV-Show auf Roland Neudert stieß. Die zuständigen Redakteure hielten es für eine gute Idee, dass ich den Schlagerbarden im Anschluss an meinen eigenen Auftritt ansage.

Er war damals wirklich ein Star der volkstümlichen Musik und konnte, soweit ich das einschätzen kann, auch sehr gut singen. Für mich als Moderator der buntesten Popmusik-Sendung allerdings zu schmalzig und vom Habitus her zu dick aufgetragen. Nach meinem Dafürhalten nahm er sich auch einfach zu wichtig.

Er stand da in einem sehr hellen, äußerst korrekten Anzug und einer noch korrekteren Frisur und beobachtete das Treiben der Mitwirkenden, die auf ihren Auftritt warteten. Vernünftige Ansage bedeutet für mich ordentliche Recherche direkt beim Künstler. Da sehe ich mich als Dienstleister des Künstlers, für das Publikum sowieso. Mein Prinzip: erst mal Fakten sammeln, persönliche Note dazu, locker bleiben und Attacke! Ich also zu ihm hin, stehe vor diesem aus meiner Sicht ziemlich großen Menschen, der es offensichtlich genießt, auf mich herabzuschauen. Scheißegal, denke ich und spule so unbefangen wie möglich meinen Standard ab:

»Hallo, Herr Neudert, ich bin Jürgen Karney und soll Sie ansagen. Gibt es etwas, was dabei wichtig ist, neues Album, Tourneetermine? Ich mach's gern schnell und individuell.« So mache ich das immer. Ein Smalltalk darüber hinaus war nicht zu erwarten und den wollte ich auch nicht.

Er antwortet mir nach angemessener Verzögerung mit seinem rollenden R: »Wissen Sie, sagen Sie einfach: Jetzt kommt für Sie der beliebteste Schlagersänger der DDR.« Punkt.

Wenn mir etwas wirklich gegen den Strich geht, dann ist es Arroganz und Überheblichkeit von Leuten, die ihre vermeintliche Stärke einzig und allein aus der Tatsache ziehen, dass sie populär sind und nach Autogrammen gefragt werden.

Meine Ansage in dieser Sendung im Wortlaut: »Habe eben Roland Neudert hinter der Bühne getroffen und mit ihm gesprochen. Ich soll Ihnen sagen, er ist der beliebteste Schlagersänger der DDR.« Selbst am heimischen Fernseher war der Wutausbruch von Herrn Neudert im Hintergrund zu hören.

Sicher nicht ganz typisch für eine »Wir haben uns alle lieb«-Gesellschaft, aber erstens waren wir das nicht und zweitens musste das so kommen, weil hier zwei Welten, zwei Eitelkeiten aufeinanderprallten.

Diese Begegnung war später Auslöser für einen weiteren verbalen Ausrutscher, der mich den »Fernsehliebling« kostete und für den mich Petra Kusch-Lück, Neuderts Ehefrau, bis heute hasst. Lesen Sie weiter unten, worum es ging.

Modern Talking »You're My Heart, You're My Soul« (1984)
Opus »Live is Life« (1985)
Electra »Nie zuvor« (1984)

Der Stasimann von nebenan

Neben meinen vielen TV- und Radio-Verpflichtungen war ich stets sehr viel unterwegs in der gesamten Republik. Es gab so viel zu moderieren, und in der Branche, in die ich hineingewachsen war, ist die Halbwertzeit begrenzt. Freischaffende Unterhaltungskünstler unterliegen stark dem Zeitgeschmack ihres Publikums und sind daher schneller weg vom Fenster, als das Playback zurückgespult ist. Daher müssen sie dann Geld verdienen, wenn sie gefragt sind, und nicht, wenn sie Lust dazu haben. Auch im Sozialismus hatte das Soziale seine Grenzen. Um für die Zeit der schwächelnden Nachfrage halbwegs abgesichert zu sein, galt es auch für mich zu rotieren. Das wird jetzt keine Rechtfertigung für die Vernachlässigung von Familie und Freundschaften, aber vielleicht bekomme ich eine passable Erklärung hin.

Die Geburt meiner ersten Tochter fiel genau in die Zeit einer Reihe von langfristig geplanten großen Veranstaltungen, so dass ich am Tag ihrer Geburt in Eberswalde statt an der Seite meiner damaligen Frau war. Als unsere zweite Tochter geboren wurde, stand ich vor der Fernsehkamera ausgerechnet in »Glück muss man haben«. Bei dieser Live-Show haben alle Redakteure gehofft, dass ich noch während der Sendung Vater werde. Dieser emotionale Höhepunkt wäre für die Redaktion das größte Glück gewesen. Der etwas ungeschickte Moderator ließ mich auch tatsächlich ein paar unruhige Minuten lang in dem Glauben, dass meine Frau entbunden habe.

Mittendrein in all diesem rasanten Kommen und Gehen erzählte mir eines Tages meine Frau vom Besuch eines Herrn vom Ministerium für Kultur, der ihr sogar einen Blumenstrauß mitbrachte. In meinem damaligen Rausch des Erfolges dachte ich noch: *Hey, jetzt musst du nicht mehr antreten, jetzt kommen sie zu dir.* Es stellte sich später heraus, der feine Herr wollte durch die Blume sagen, dass er zwar in einem Ministerium arbeite, aber nicht für Kultur, sondern für Staatssicherheit.

Übrigens, die Rechnung für diesen Blumenstrauß fand ich 1995 in den wenigen Blättern meiner Stasiakte. Dort waren die drei Hausbesuche, die diesem ersten Vorstoß folgten, akribisch niedergeschrieben, jedes gesprochene Wort bis hin zu der Abschlussbemerkung: »... Nichteignung. Perspektivlosigkeit. Material ist nicht gesperrt zu archivieren«.

Wer immer das schrieb, musste zu dieser Aussage kommen, denn ich hatte einfach gesagt: »Nein, das mach ich nicht.«

Dazu gekommen war es, als mich ein Mielke-Beauftragter in unserem Haus in Rahnsdorf aufsuchte und mich darum bat, beim Kongress der Unterhaltungskünstler, der gerade in der Berliner Kongresshalle stattfand, Notizen über Kollegen anzufertigen, die sich kritisch in Bezug auf Staat und Gesellschaft äußerten. Meine kategorische Absage schockierte ihn förmlich. Er wirkte plötzlich völlig aufgelöst und verließ fast fluchtartig Haus und Hof. Danach hörte ich nie wieder von diesem Verein. Bis September 1995, als alle Zeitungen ganzseitig titelten: »Karney IM der Stasi«. An diesem Tag gingen schlagartig viele Türen für mich zu, aber wie immer in meinem Leben öffneten sich einige entscheidende.

Im Kapitel »Die Akte« lesen Sie mehr darüber.

Tino Eisbrenner »Ich beobachte dich« (1986)
City »Wand an Wand« (1987)
Sting »Every Breath You Take« (1983)

»Immer am Ball«

Unter dem Titel »Immer am Ball« wurde eine aufwendige Jugendrevue am Friedrichstadt-Palast an der Friedrichstraße in Berlin inszeniert. Die FDJ, als deren Berufsjugendlicher ich im Alter von Mitte dreißig durchaus gelten konnte, setzte in meiner dritten großen Show dieser Art auf die Popularität und Spontaneität von zwei Showmastern: Wolfgang Lippert und Jürgen Karney.

Es war ein wirklich erhabenes Gefühl, dieses Theater als Mitwirkender in Aktion zu erleben. Der komplette Apparat, zahlreiche Mitarbeiter einer der größten Showbühnen Europas waren in Bewegung, um den jugendlichen Blauhemden, die aus der gesamten DDR angefahren worden waren, eine rasante, moderne Revue zu präsentieren. Auch wenn viele der aktuellen Popsongs, gespielt vom Orchester des Friedrichstadt-Palastes, ihren Druck und ihre Rotzigkeit zwischen der Orchesterempore und den Sitzreihen verloren, so war diese Show doch ein außergewöhnlicher Mix aus Musik, großartiger Artistik, viel Ulk und – wie konnte es auch anders sein – Agitation.

Das Programm begann mit einem kostspielig gedrehten Film, der das Publikum in die Story einführen sollte. Drehort war im Berliner Tierpark das Schloss Friedrichsfelde. Die Geschichte: Ein älterer König, gespielt vom hochdekorierten und allseits respektierten Intendanten des Friedrichstadt-Palastes, Wolfgang E. Struck, verweist unter wüsten Beschimpfungen seinen humorlosen Narren und seinen untalentierten Musikus des Hofes. Die beiden Protagonisten, gespielt von Wolfgang Lippert und mir, werden in einer Szene von seiner Majestät höchstselbst an die frische Luft gesetzt.

Wir drehten nachts in Anwesenheit des Intendanten. Devote Ehrfurcht und große Anspannung bei allen Beteiligten beherrschten das Set. Der Regisseur todernst: »Und Action, bitte!«

Der König schmeißt die beiden Versager wortreich aus dem Schloss und spuckt ihnen dabei verächtliche Worte des Missfallens förmlich vor die Füße. Wolfgang E.

Struck spielte mit einer Inbrunst, so überzeugend, dass er seine Zahnprothese gleich mit ausspuckte. Das Gebiss des Intendanten flog in einem hohen Bogen vor den Augen aller Gewerke in die Rabatten. Peinliche absolute Stille. Alle wollten, aber niemand traute sich zu lachen. Schockstarre bei allen, bis der Regisseur die erlösenden Worte sprach: »Cut, löschen, sofort löschen und alles auf Anfang.«

Weitere äußerst heitere Momente bescherte uns der Regisseur bei den Proben, wenn er seine Protagonisten durch das gesamte Haus über die Sprechanlage auf die Bühne rief. Der arme Kerl war immer auf der Suche nach uns, während wir entweder Interviews gaben oder Fototermine hatten oder uns von den Maskenbildnern die Haare schneiden ließen. Als Ausschnitte dieser Revue auf dem Rosa-Luxemburg-Platz vor der Volksbühne aufgeführt wurden, gingen wir während der langen Proben einfach ins damalige Hotel *Metropol* an der Friedrichstraße und schlürften Cocktails an der Poolbar, während unser Regisseur uns wieder einmal suchte.

Neben Tamara Danz, Ines Paulke, Arnold Fritzsch oder Ralf »Bummi« Bursy spielte auch die Klamaukband Possenspiel in dieser Revue mit. Ein bunter Haufen von Gauklern, eine verschworene Gemeinschaft, eine schöne Erinnerung, die ich nicht missen möchte. Der Titelsong »Immer am Ball«, der von Lippi gesungen wurde, hat bis heute nichts von seiner simplen Amateurhaftigkeit verloren, allein dadurch, dass ich darin statt zu singen gerappt habe. Wir flogen durch die Lüfte, wir tanzten mit dem Ballett, wir spielten Sketche und wir machten das, was man heute Stand-up-Comedy nennt – Spaß aus der Hüfte, vom Augenblick inspiriert. Das gelang uns immer öfter, aber hinter den Kulissen war man darauf noch nicht vorbereitet.

Silly »Bataillon d'Amour« (1986)
Ines Paulke »Himmelblau« (1988)
Ralf »Bummi« Bursy »Wenn ich dich nicht halten kann« (1987)

Die Nachttischlampe von Roland Neudert

Eine Reihe von Auftritten im Friedrichstadt-Palast endete 1988 damit, dass ich aus der jährlichen Ehrung der »Fernsehlieblinge«, die einen prominenten Sendeplatz im DDR-Fernsehen hatte, gekantet wurde – über Nacht, auf Anweisung von oben. Das kam so:

Petra Kusch-Lück war ein Liebling der Nation. Klug, hübsch und omnipräsent als Fernsehansagerin und Moderatorin unter anderem von »Ein Kessel Buntes«.

Roland Neudert, nach eigener Aussage der »beliebteste Schlagersänger der DDR«, war in dieser Zeit frisch mit der wirklich beliebten Petra Kusch-Lück liiert. Das fand in den DDR-Medien fast keine Beachtung, denn Klatsch und Tratsch ist kein Wesenszug des Sozialismus. Dennoch: (fast) jeder wusste es.

Schallplattenunterhalter in feinem Zwirn in der Berliner Kongresshalle

Rauchpause bei der Veranstaltung »Berlin-Knüller« (1979)

Interview mit Hans-Jürgen Beyer in der Disco *Alextreff* (1976)

Die zweite offizielle Autogrammkarte des DFF, die erste war noch langweiliger (1984)

»Bong«-Probe. Mein Favorit, der Schreibtisch, hat sich nicht durchgesetzt (1983).

Silberner Bong vom Dezember 1983 für Neumis Rock Circus: Rainer Oleak, Hans-Joachim Neumann, Ingo Politz, Stefan Schirrmacher (v. l. n. r.)

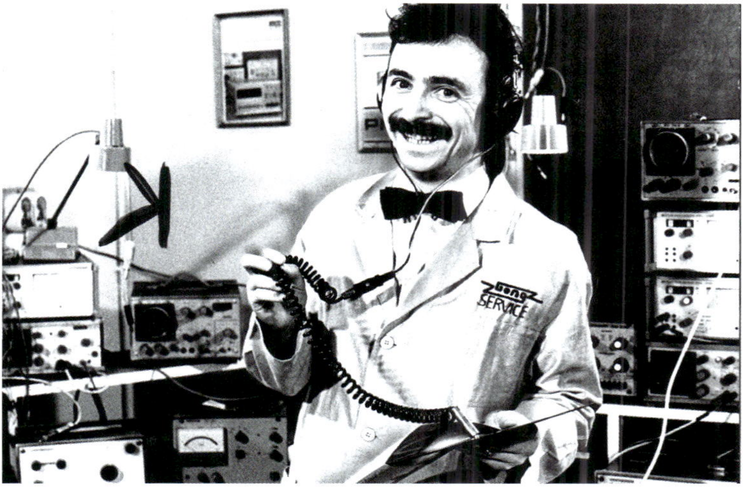

Sketch »Technik-Tipps vom Profi« aus »Bong« (1984)

Dreharbeiten in Moskau für eine Revue im Friedrichstadt-Palast (1986)

Die beiden »Riesen« Holger und Norbert (H&N) zu Gast bei »Bong«

Sketch in »Knall-Bong-Bong« mit Wolfgang Lippert (1987)

Zauberdarbietung mit Tamara Danz in »Nacht der Prominenten« (1986)

»Zersägte Jungfrau« mit Silly und Tamara Danz in »Nacht der Prominenten« (1986)

Drehpause für ein Foto bei »Immer am Ball«, Wolfgang E. Struck, damaliger Intendant des Friedrichstadt-Palastes, als König; links Wolfgang Lippert (1987)

Erinnerung an den »Stammtisch« mit Wolfgang Stumph in Dresden (1987); auf der Rückseite die Stumpi-Widmung: »Ich habe schon immer meine Freude, wenn ein kleiner Mann groß rauskommt. Bleib oben!«

»Stammtisch« mit Stumpi in Dresden: Wolfgang Stumph, Jürgen Karney, Ina-Maria Federowski, Wolfgang Lippert (verdeckt), Olaf Berger (v. l. n. r.)

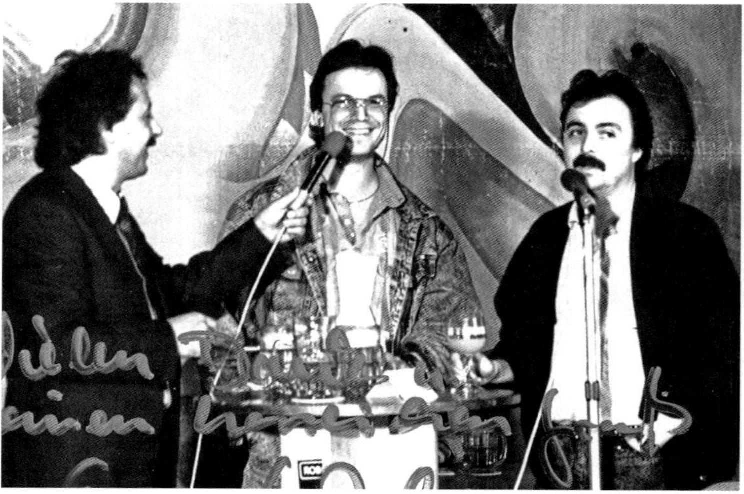

»Stammtisch« mit Stammgästen: Wolfgang & Wolfgang & Jürgen (1987)

Silberner Bong an Inka Bause (1988)

1987 während einer großen Schlagershow mit Chris Wallasch (l.) und Heinz Quermann (M.)

Mit Wolfgang Lippert während der Talksendung beim Berliner Rundfunk im Berliner *Palasthotel* (1987)

Nach Luft schnappender Charlie Chaplin nach einem rasanten Entree mit dem Fernsehballett in »Ein Kessel Buntes« (1986)

Kurze »redaktionelle« Absprache der Moderatoren. »Die Nacht« mit Lippert und Karney im *Palasthotel*. Zu Gast Siegmund Jähn (1986)

Öffentliche Talkshow beim Berliner Rundfunk, zu Gast der Minister für Kultur Hans-Joachim Hoffmann (1987)

Freundschaftlicher Klaps von Helga Hahnemann im Ermelerhaus bei einer Radio-Talkshow; links ruft Jochen Kowalski dazwischen (1988).

Probe bei »Karney & Co.« in Chemnitz mit Lothar Tarelkin (1990)

»Music-Boxer«, während vor dem Studio in Adlershof der alte DFF abgebaut wird (1992)

Als unsere Jugendrevue nach einigen Vorstellungen live im Fernsehen übertragen wurde, war ich so angespitzt vom Erfolg, von den berauschenden Momenten auf der riesigen Bühne des Friedrichstadt-Palastes, dass sich Übermut einstellte. Den Augenblick, wenn der ganze Saal an deinen Lippen hängt und auf jede kleinste Geste oder Bemerkung reagiert – den konnte ich nicht genug auskosten. In diesem rauschartigen Zustand verabredeten Lippi und ich verhängnisvollerweise, uns bei der Begrüßung zu Beginn der Show gegenseitig zu überraschen. Das lief dann sinngemäß so ab, dass ich Wolfgang ironische Komplimente über sein Outfit machte, unter anderem mit den Worten: »Toller Anzug ... Du siehst damit aus wie die Nachttischlampe von Roland Neudert.«

Diesen banalen Scherz bezog Petra auf sich und fand ihn gar nicht witzig. Wir warfen uns dann zur großen Freude des jugendlichen Publikums noch weitere Anspielungen auf den markanten viereckigen Ring am Finger eines anderen sehr verdienten Sängers zu. Woraufhin ich Wolfgang fragte, ob es denn der Wahrheit entspräche, dass er der uneheliche Sohn von Monika Hauff und Klaus-Dieter Henkler sei. Auf Prominente abzielender Humor war nicht üblich im Staate der Arbeiter und Bauern und kam daher beim Publikum brüllermäßig an. Nicht jedoch bei den angesprochenen Künstlern. Die Gags standen übrigens auch nicht im von verschiedenen Stellen eingekürzten und abgesegneten Manuskript.

Nach der Show wurde uns zugetragen, dass es noch während der Sendung diesbezüglich ein bis zwei Anrufe von führenden Genossen der Partei- und Staatsführung gegeben hätte. Am Tage danach war eine geplante Aufzeichnung mit mir als Fernsehliebling 1988 gestrichen. Beziehungen schaden nur dem, der keine hat.

H&N »Baby aus Halle« (1984)
Arnulf Wenning »Eisdame« (1986)
Queen »A Kind of Magic« (1986)

»Knall-Bong-Bong«

Während der Produktion von »Immer am Ball« saßen wir eines Abends mit einigen Kollegen aus der Technik in der Bildregie des Friedrichstadt-Palastes und warteten auf die Ausstrahlung der Sendung »Knall-Bong-Bong«. Eine Mischung aus Sketchen und den besten Musikvideos aus »Bong«.

Wir hatten ziemlich aufwendig Witze und eigene Sketche verfilmt. Frank Zanders »Plattenküche« suchte ihre Entsprechung im DDR-Fernsehen. Wir waren dazu bereit und setzten die Idee durch. Es gab Witze mit Fliegen in der Suppe, mit Polizisten und Restalkohol und weitere Klassiker des eher harmlosen Humors, aber auch Spielszenen mit ernsthaft kritischem Hintergrund. Zum Beispiel mit unzuverlässigen Handwerkern oder lustigen Punks, gedreht direkt vor einem Polizeirevier, was die dort diensthabenden Genossen sehr aufgescheucht hatte.

Am Tag der Ausstrahlung unseres Versuchsballons lief vor uns live »Porträt per Telefon« mit Heinz Florian Oertel. Als Oertel seinem Interviewpartner gegen Ende der Sendung ankündigte, dass noch zehn Minuten Zeit seien, das Gespräch fortzuführen, ahnten wir schon, was geschehen war. Die Chirurgen von der Ideologieabteilung hatten unsere Show beschnitten. Keine Sketche über Punks, kein Spaß über teure Uhren, nichts über die Unsitte, in den Schaufenstern des Landes Gebrauchsgüter auszustellen und sie als Beratungsmuster zu deklarieren, weil sie nicht zum Verkauf vorhanden waren. Eine Stummelsendung. Diese Amputation unserer Ideen war ärgerlich, aber bei genauer Betrachtung kein Drama. War ja bloß eine Fernsehsendung. Andere Kollegen hatten mit ganz anderen, substantielleren Einschränkungen ihres Schaffens zu tun oder sahen sich sogar Repressalien bis hin zum Auftrittsverbot ausgesetzt. Uns hatten sie nur gezeigt, dass sie keinen Humor verstehen bei ihrem Sozialismus. Kein Grund also, in den Widerstand zu gehen oder Fluchtpläne auszuarbeiten.

So sprach wegen meines lieben Friedens willen viel für die Anschaffung der sprichwörtlichen Schere im Kopf. Klein und handlich, immer dabei, perfekt dazu geeignet, eigene Gedanken schon vorher zurechtstutzen, passend zu machen, bevor es ein anderer tut. Ganz billig, der leichte Weg.

Da die Zuschauer und Rezipienten nicht wussten, was sie nicht gesehen hatten, kam »Knall-Bong-Bong« sehr gut an. Da ich aber keinen Bock auf weitere Enttäuschungen hatte, gaben wir das Projekt auf und es blieb bei einer Sendung.

Beim MDR und RBB haben es einige dieser »Knall-Bong-Bongs« direkt vom Index in die Oldtimerkiste geschafft und wurden zwischen Heinz Rennhack und Herricht & Preil schon oft gezeigt.

Das Sketch-Experiment führte dazu, dass meine unbedarfte Schauspielkunst mit gespielten Witzen danach verschiedentlich gefragt war. Wegen akuter Feigheit lehnte ich aber das Angebot von Helga Hahnemann ab, in einer ihrer Shows einen Sketch mit ihr zu spielen. Von Befehl bis Beschimpfung, von Bitten bis »dann lass es« hat sie alles versucht, und ich Blödmann blieb stur. Henne und ihre geniale Autorin Angela Gentzmer hatten mir die Rolle eines Berliners mit großer Klappe, der sich aus dem Publikum heraus zu Wort meldet und dann auf die Bühne geht, zugedacht. Da hätte ich mich nicht mal verstellen müssen, aber ich hatte schlicht Schiss, wie der Berliner sagt. Schade, was bleibt ist diese Anekdote ohne Pointe.

Laura Branigan »Self Control« (1984)
Thomas Lück »Kurschatten« (1983)
Juckreiz »FKK« (1983)

Die Reihen lichten sich

Für mich gab es niemals wirklich zwingende Gründe, die Segel zu streichen und mich in den Westen abzusetzen. Mir ging es gut, ich hatte Spaß und viele Menschen hatten Freude an dem, was ich tat. Eine intakte Familie und ein aufrichtiger Freundeskreis gaben mir zusätzlich ein Heimatgefühl. So war nichts, vor dem ich hätte flüchten müssen, und nichts, zu dem es mich unter allen Umständen hinzog. Manch einer mag das nicht gelten lassen als Rechtfertigung dafür, in einem Staat voller Widersprüche und praktiziertem Unrecht zu leben, aber für mich stellte sich die Frage nach einer Flucht in den Westen nicht. Ich gehörte zu den sechzehn Millionen Menschen, für die weder Flucht noch Widerstand die einzige Option waren. Es gelang mir immer wieder, mich aus prekären Situationen herauszulavieren. Anders, als es andere Künstler erlebten und später aufschrieben, lernte ich weder Repressalien kennen noch wurde Druck ausgeübt, dem ich nichts entgegenzusetzen hatte.

Ich habe den allergrößten Respekt vor jenen, die sich damals auflehnten und handelten gegen das Unmenschliche in diesem Sozialismus. Aber nicht jeder meiner Kollegen, die damals die DDR verließen, tat dies als Widerstandskämpfer, auch wenn die Gründe im Kern immer mit der allgegenwärtigen Bevormundung und Einflussnahme auf künstlerische Prozesse zu tun hatten. Jeder Weggang von Kollegen und Freunden war ein Verlust für Familien und Freunde und oft auch für die Kultur. Wenn ich zurückblicke auf die Zeit, als wir monatlich in »Bong« den Extrakt unserer Popmusikkultur präsentierten, fallen mir herausragende Künstler ein, deren Weggang ich manchmal künstlerisch und oft auch menschlich zutiefst bedauerte.

Zum Beispiel Hans-Joachim Neumann, der Kopf von Neumis Rock Circus. Für mich neben Pankow eine der innovativen Bands in der DDR. Neumi hatte mit dem Rock Circus, einer Mischung aus Rock, Kabarett und Clownerie, beim Schlagerfestival in Dresden den Grand Prix gewonnen und gehörte mit seinen ironischen Auftritten im ersten Jahr von »Bong« zu meinen Sternstunden im Studio D von Berlin-Adlershof.

Meine langjährige Freundin Angelika Mann, die »Lütte«, eine großartige Sängerin mit so viel Power und positiver Lebensenergie war nach künstlerischen und menschlichen Rückschlägen so tief verletzt und frustriert, dass sie einen Neuanfang im Westen suchte. Ihren Platz bei uns im Studio und in der Musikszene vermochte keine Künstlerin auszufüllen.

Dass Ute Freudenberg von einer Reise aus dem Westen

nicht wiederkam, traf uns mitten in den Vorbereitungen für ihr Video, und im Kollegenkreis machten wilde Gerüchte die Runde. Für Außenstehende war die Tragweite der Ereignisse, die einer so endgültigen Entscheidung vorausgehen, natürlich nicht klar. So blieb oft die Frage nach den Gründen. Einige der Kollegen hatten sich mit ihren Zweifeln und Zukunftsängsten mir anvertraut. Sie rangen mit sich – keiner machte es sich leicht.

Holger Flesch und Norbert Endlich, als Duo H&N wirklich erfolgreich, fühlten sich in ihrem Potential und ihrem Ehrgeiz als Künstler eingeengt. Am Vorabend eines Konzertes der beiden in Westberlin haben wir uns sehr emotional voneinander verabschiedet, denn wir wussten nicht, wann und ob wir uns wiedersehen. Die beiden wollten ihre Karriere als Boys Next Door neu starten – eine Reise ins Ungewisse.

Neumis Rock Circus »Der Clown« (1980)
Karussell »Als ich fortging« (1987)
Nina Hagen »Du hast den Farbfilm vergessen« (1974)

Caruso und Mütze, ein Sommernachtstraum

Heute sagen wir Blockbuster, damals war es ein echter Kassenschlager im Kinosommer 1988. Ein Musikfilm, der so komisch, rasant und überraschend war, dass die Eintrittskarten zur Bückware wurden. Mütter begleiteten ihre heranwachsenden Töchter in den DEFA-Streifen, um mit ihnen gemeinsam ihre Idole anzuschmachten. Die Filmmusik dieses äußerst amüsanten Streifens enthielt Songs, die alle Hitparaden stürmten. Die Musik trug die beiden männlichen Hauptdarsteller förmlich wie auf einer Wolke von einem Abenteuer zum nächsten. Die jugendlichen Darsteller brillierten mit Tanz, Gesang und Charme, und alle Männer ihres Alters wollten sein wie sie: schlagfertig, eloquent, begehrenswert, stets auf Abenteuertour in einem Land, in dem das Leben als junger Mensch einem Paradies gleicht. Selbst die Nebenrollen waren mit Stars besetzt. So spielten die großartige Marianne Wünscher und der unvergleichliche Herbert Köfer an der Seite von Lippert und Karney als Caruso & Mütze.

Hätte dieser hollywoodreife Streifen mehr Blauhemden vorgesehen und wäre der realexistierende Sozialismus nur etwas realer dargestellt worden und wären die beiden Helden Soldaten der NVA gewesen und, und, und ... dann hätte es auch ein Happy End gegeben und der Film wäre tatsächlich gedreht worden.

So aber wurde unser (zugegeben nicht ganz fertiges) Drehbuch von den Verantwortlichen rundweg wohlwollend begrüßt, aber in dieser Form konsequent abgelehnt – und niemand hat diesen Film je gesehen. Aber den Versuch war es wert, oder?

Nena »Nur geträumt« (1982)
Kenny Loggins »Footloose« (1984)
Bill Medley & Jennifer Warnes »The Time of My Life« (1987)

Mein »Kessel Buntes«

Endlich, Frau Matt, die unangefochtene Chefin jener Abteilung, in der die große Samstagabend-Unterhaltung ihr Epizentrum hatte, lud mich zum Gespräch. Evelyn Matt ist passionierte Kettenraucherin und leidenschaftliche Entertainerin. Sie holte mit sicherem Gespür aus jedem noch so untalentierten Anwärter auf die Weihen des Primetime-Sendeplatzes am Samstagabend das Beste heraus und setzte ihn optimal in Szene. Was sie mit wirklichen Talenten auf die Beine stellte, ist deutsche Fernsehgeschichte und spricht für sich. Um eine Sendung wie »Ein Kessel Buntes«, den sie maßgeblich prägte, beneideten uns viele internationale Stars aus Ost und West.

Nun sollte sich also der Olymp öffnen für mich, der nach eigener Überzeugung angesichts der unzähligen »Kessel«, die ich gesehen hatte, von vielem ein bisschen, von manchem ein wenig mehr und von dem meisten nichts wirklich beherrschte. Denn im »Kessel« musste gesungen, mit dem Fernsehballett getanzt, gespielt und mindestens ein Elefant aus dem Zylinder gezaubert werden. Das Einzige, was ich wirklich konnte, war verbal einen Elefanten zaubern.

Was aber die schlaue Evelyn Matt mit geschickter Rhetorik mir an Sicherheit vermittelte, wie sie alles aus mir herauskramte, was irgendwie für eine solche Show verwertbar wäre, das war, um es mit Benny von der Olsenbande zu sagen: mächtig gewaltig! Sie wusste zum Beispiel, dass ich Charlie Chaplin verehre. So schlug sie als Entree von meinem »Kessel Buntes« eine Sequenz mit mir als Charlie Chaplin vor. Ein Riesenauftritt mit dem Fernsehballett, in dem ich als gehetzter, leicht irritierter Charlie drei Minuten zwischen den Tänzerinnen rumflitzte, denn tanzen konnte ich nicht. *Lie-*

ber Gott, dachte ich, *lass sie bitte lange klatschen,* denn ich untrainierter Sack hatte danach natürlich kaum noch Luft zum Reden. Sie klatschten sehr lange. Mein verstecktes Zeichentalent wurde unter Frau Matts Anleitung zur Überraschung aller eine sehr witzige Schnellzeichnernummer. Von Evelyn Matt lernte ich viel, handwerklich und menschlich. Das ist es, was für mich von meinem »Kessel Buntes« geblieben ist.

Nach der Ausstrahlung der von mir moderierten Folge von »Ein Kessel Buntes« erhielt ich eine Einladung zu einem sehr speziellen Auftritt. Der Bereichsleiter Unterhaltung informierte mich in einem vertraulichen Gespräch darüber, dass der oberste Fanclub des DDR-Fernsehens in Wandlitz großes Interesse daran hatte, auch mich einmal bei sich zu begrüßen. Sie wollten, dass ich in der Regierungsenklave auftrete. Unwillkürlich musste ich an einen der Leitsprüche meiner Mutter denken: »Gehe nicht zu deinem Fürst, wenn du nicht gerufen wirst.«

Nun wurde ich aber gerufen und hätte es gern überhört. Mir war nicht wohl bei dem Gedanken, der Macht so nahe zu kommen. Der Genosse Bereichsleiter wollte mir suggerieren, dass es eine Ehre und höchste Weihen bedeutete, vor den leitenden Genossen aufzutreten. Dann erhielt ich ausführliche Instruktionen, wie ich mich zu verhalten hätte und dass ich (im Falle, es käme zu einem Gespräch mit einem hohen Funktionär) weder Bitten noch Anfragen an sie richten dürfe. Eigentlich hätten sie mich gefesselt und geknebelt auf die Bühne stellen müssen.

Als es so weit war, wurde ich von einer großen schwarzen Limousine zu Hause abgeholt, was meinen Nachbarn Anlass zu wilden Spekulationen gab. Wir fuhren in das »Städtchen«, wie das Refugium mit den Wohnhäusern von Honecker & Co. genannt wurde. Ausweis- und Gesichtskontrolle am schwerbewachten Tor. In einem kleinen holzgetäfelten Saal, der sogar eine Bühne hatte, gab ich, wie eindringlich gefordert, meine harmlosesten Späße zum Besten und sagte die mitgereisten Kollegen Sänger und Artisten brav an. Im Publikum übrigens kein Gesicht, das ich aus der »Aktuellen Kamera« kannte. Die Stimmung an diesem Abend war abwartend ausgelassen. Ich hatte den Eindruck, dass sich nicht alle Genossen wohl dabei fühlten, sich von Künstlern, die quasi einbestellt wurden, unterhalten zu lassen. Direkt nach dem Auftritt war Abflug für uns, unser Publikum musste in seinem selbstgeschaffenen goldenen Käfig bleiben, selbst schuld.

Al Bano und Romina Power »Felicità« (1982)
Silent Circle »Touch in the Night« (1985)
Nicole »Ich hab dich doch lieb« (1983)

Nachspiel

Jeder Unterhaltungskünstler, der im DDR-Fernsehen auftrat, hatte eine spezielle Beziehung zu den Dresdnern. Die Stadt war, was den Empfang von Westfernsehen betraf, geografisch bekanntlich benachteiligt. Den Dresdnern blieb nichts anderes übrig, als DDR-Medien zu konsumieren, wenn sie fernsehen oder Radio hören wollten. Daher waren Künstler im Bezirk Dresden besonders populär, und wenn man als Sternchen am Unterhaltungshimmel etwas für sein Ego tun wollte, dann flanierte man entlang der Dresdner Prager Straße und ließ sich von den Fans huldigen.

Im Rest der DDR wurde das schöne Elbtal »Tal der Ahnungslosen« genannt. Das war diskriminierend und ungerecht. Denn dass die vom Westfernsehen abgeschnittenen Zuschauer und Hörer ahnungslos waren, ist nur hinsichtlich der Bekanntheit von »Dallas« und »Denver« und all den anderen zweifelhaften Vergnügungen richtig. Informationen über weltpolitische Entwicklungen und die Beziehung zwischen den beiden deutschen Staaten fanden schnell den Weg hinter die Berge nach Dresden City.

Sie wurden durch eine einzigartige Mund-zu-Mund-Kommunikation weitergegeben. Man redete miteinander, tauschte sich aus. Das konnte auch die Stasi nicht verhindern, auch wenn sie oft dabei war. Dieser »Hast du schon gehört ...«-Austausch war in der gesamten Republik und besonders eben in Dresden und Umgebung ein wichtiger Teil des bis heute von älteren Generationen immer wieder vermissten Zusammenhalts der Menschen in der DDR. Damals führte er in kreativen Kreisen zu Denkanstößen und half dem ostdeutschen Entertainment aus einer drohenden kompletten Verflachung.

Ich behaupte, die besten Witze über Mangelwirtschaft, alte Männer im ZK, die sogenannte deutsch-sowjetische Freundschaft usw. entstanden in Dresden.

Wie zwischen den Zeilen kommuniziert wurde, habe ich unmittelbar erlebt, als mich der Kabarettist Wolfgang Stumph zum »Stammtisch« einlud. Eine lockere Plauderstunde mit Publikum, erdacht und moderiert von Stumpi. In der kahlen Kantine des VEB Robotron im Zentrum Dresdens stand ich Sonntagvormittag, wie auch andere Fernsehnasen, meinen Zuschauern gegenüber. Ein schlagfertiger, perfekt vorbereiteter und neugieriger Wolfgang Stumph und herzlicher Applaus empfingen mich. Was kann man sich Besseres wünschen? Der Gastgeber führte jeden, der es nicht anders verdient hatte, gutgelaunt und bestens informiert aufs Glatteis. Von wegen Tal der Ahnungslosen. Dass ich zu Hause die »Tagesschau« sehen konnte, half mir da nicht. Bevor ich die Zweideutigkeit einer Frage verstanden hatte, lachten schon alle. Es gab ganz offensichtlich eine unausgesprochene Verabredung zwischen Gastgeber und Publikum. Sie, die den Machern des TV-Programms der DDR ausgeliefert waren, machten sich gemeinsam mit dem Talkmaster einen schönen Tag auf meine Kosten.

Klar, sie mussten sich täglich mit den Errungen- und Machenschaften des Sozialismus auseinandersetzen und ich war der unbeschwerte, lustige Musikansager mit der großen Klappe aus der staatlich verordneten bunten Fernsehwelt. An diesem Tag sollte es sich entscheiden, ob ich ihre Anerkennung verdiente oder mich als Hanswurst gedemütigt durch den Hinterausgang schlich.

Stumpi als autorisierter Prüfer nahm mich mit kollegialem Respekt in die Gesprächszange und ließ mit einem Augenzwinkern auch immer eine Hintertür offen. Alle hatten Spaß, ich bestand die Prüfung, fuhr aber sehr nachdenklich zurück nach Berlin.

Am Tag danach erhielt ich einen Anruf der besonderen Art: Die Sekretärin des Büros von Heinz Adameck kündigte freundlich, aber bestimmt an, dass der Genosse Adameck mich zu sprechen wünsche. Heinz Adameck war damals Vorsitzender des Staatlichen Komitees für Fernsehen der DDR, Mitglied des ZK der SED. Einigermaßen erschrocken bei einem Anruf von so weit oben, ahnte ich nichts Gutes. Nur ein Anruf von Stasichef Mielke wäre schlimmer gewesen. Es ginge um eine Moderation vom Vortag in Dresden. Der Lauscher in Stumpis »Stammtisch« hatte also Meldung gemacht. Dem obersten Fernsehchef war zugetragen worden, dass ich die wichtigste Nachrichtensendung des DDR-Fernsehens lächerlich gemacht hatte.

Viele Moderatoren baten damals die Zuschauer unter allerlei Vorwand um Postkarten. Was sollten wir auch tun, das Internet und E-Mail waren noch nicht erfunden. Also zählte ich in dieser Moderation einige Sendungen auf, in denen zum Schreiben aufgefordert wurde:

»Tierpark-Teletreff«, dort sagte die Moderatorin am Ende der Sendung: *Welches Tier wollen Sie mal näher kennenlernen? Schreiben Sie bitte eine Postkarte.* »Außenseiter–Spitzenreiter«, ein Hit im DDR-Fernsehen, dort bat der Moderator Hans-Joachim Wolfram: *Schreiben Sie eine Postkarte, wenn Sie jemanden mit einem total verrückten Hobby kennen.* Ich selbst in »Bong«: *Wollen Sie einen Künstler wiedersehen, dann schreiben Sie eine Postkarte.* Eines Tages beendet Klaus Feldmann die Nachrichten der »Aktuellen Kamera« mit den Worten: »Das waren die Meldungen, wenn Sie wissen, ob noch etwas passiert ist in der Welt, schreiben Sie uns bitte eine Postkarte.«

Das ging an die Substanz, denn der »Aktuellen Kamera« stand das zu, was der Meinungsfreiheit verwehrt war, sie war unantastbar. Adameck verwarnte mich nach allen Regeln. Er sprach vom Vertrauen der Genossen in mich, von Verantwortung, die ich wahrzunehmen hätte, und von meiner Karriere, um die es für alle schade wäre, wenn sie ein Ende hätte.

Es war das zweite Gespräch, das wir miteinander führten, und ich entschied mich in dem Moment für die Karriere. Das dritte Gespräch sollte Jahre später erfolgen, als ich meinen Rücktritt von »Bong« beschloss und er mich im Namen der Parteiführung und persönlich zum Weitermachen bewegen wollte. Ich werde das noch ausführlich erzählen.

Gaby Rückert & Thomas Natschinski »Augenblicke« (1985)
Peter Tschernig »Taxi 408« (1983)
Jörg Hindemith »Bitte, bitte, Hanni« (1983)

Duo infernale

Eine Zeit wie im Rausch erlebte ich in Dresden Ende der achtziger Jahre bei einem Engagement mit Wolfgang Lippert. Im Theatersaal des Kulturpalastes waren wir für eine bunte Estrade aus Mode, Musik und Wortspielereien engagiert. Das Konzept eines Mitarbeiters der dortigen Konzert- und Gastspieldirektion war bestechend simpel und somit erfolgversprechend. Es sah vor, uns als Duo ins Rennen zu schicken. Dazu Dresdner Modemacher mit ihren Freizeitmodels, die zeigten, was sie drauf und drunter hatten. Lippi sang »Erna kommt« und anderes bekanntes Liedgut, ich moderierte und machte Witze mit Fernsehbezug – und beide zusammen spielten wir eine Reihe von lustigen Sketchen. Unsere große Popularität und das allgemeine Interesse an schönen Frauen in Kleidern und Bikinis, die man nicht kaufen, aber nachnähen konnte, garantierten gutbesuchte Vorstellungen. Es war die Zeit, in der böse Zungen behaupteten, man könne keine Büchse Fisch öffnen, ohne Angst haben zu müssen, darin ein Bild von Lippert und Karney zu finden.

Unsere Maxime damals war: ohne viel Vorbereitung, mit vorhandenem Material und jeder Menge Spontaneität ins kalte Wasser zu springen. Wir redeten uns damals so lange ein, dass wir das am besten können, bis wir es selbst glaubten – zumal der Erfolg uns recht gab.

Im Vorfeld des Engagements waren Lippi und ich bei Wolfgang und Christine Stumph zu Gast. Stumpi bedrängte uns so lange, bis wir im Wohnzimmer der Familie einige unserer Sketche aufführten. Wir feilten an Texten und Gestik und Stumpi gab hilfreiche Tipps, während die kleine Stephanie staunte, was die großen Jungs, die sie aus dem Fernsehen kannte, da mit Papa für einen Quatsch machen.

Jeden Abend kamen interessierte Paare erwartungsvoll zu uns in die Show in den Dresdner Kulturpalast, um uns live zu sehen. Natürlich auch Wolfgang mit seiner Frau Christine. Stumpi spielte für mich in einer anderen intellektuellen Liga. Als Kabarettist setzte er sich mit den Problemen unseres Landes auseinander, hinterfragte, diskutierte und brachte seine Gedanken einfallsreich mit spitzfindigem Humor auf die Bühne. Er hatte bei aller Ernsthaftigkeit der Themen diese Leichtigkeit, dieses Augenzwinkern, was ihn unweigerlich so sympathisch macht. Gleichwohl kennt er natürlich die Regeln, nach denen gutes Entertainment funktioniert. Oberflächlichkeit und Schönreden duldete er schon damals nicht – nun saß er tapfer bei uns im Publikum.

Nach der Show hatte er seine Euphorie über das, was er von uns gesehen und gehört hatte, gut unter Kontrolle, aber ich glaube, er mochte uns. Vielleicht hegte er die Hoffnung, dass aus uns unbedarften Kaspern doch noch mal erwachsene ambitionierte Unterhalter würden. Was er mir so ganz nebenbei vermittelte, war, dass nur Talent und Leidenschaft allein keine Basis für wirklichen, nachhaltigen Erfolg seien. Eiserne Disziplin, viel Fleiß und gründliche Auseinandersetzung mit dem, was man zu sagen hat, gehören auch zu diesem Beruf. Außerdem ist es ein Unterschied, ob ein sehr smarter Schlagersänger zwischen seinen Songs sympathisch-humorvoll parliert und sich bei moderativem Leerstand ins nächste Lied rettet oder ob ein Moderator im Sinne aller Beteiligten verbindlich, kompetent und schlagfertig auf den Punkt kommt.

Diese und andere Begegnungen mit Kollegen der sprechenden Zunft waren für mich mehr Weiterbildung als die verordneten Kurse des Komitees für Unterhaltungskunst.

Starship »Nothing's Gonna Stop Us Now« (1987)
Johnny Logan »Hold Me Now« (1987)
Black »Wonderful Life« (1987)

Der brave Soldat Schwejk

Der Kulturpalast war einmal im Jahr der Austragungsort des Internationalen Schlagerfestivals Dresden. Interpreten aus den sozialistischen Bruderstaaten und den uns zugetanen Ländern sangen und spielten um den Grand Prix. Den Kulturfunktionären ging es darum, Weltoffenheit zu demonstrieren und sich neben der Crème de la Crème heimischer Stars mit exotischen Künstlern selbst aus Indien oder Lateinamerika zu schmücken.

Wenn man sich die Handelsbeziehungen zur damaligen Zeit anschaut, dann kann man sich gut vorstellen, dass dieser Kulturaustausch flankiert von Tauschgeschäften wie W50-Lkws gegen Südfrüchte oder Kaffee stattfand. Die Devise lautete: Bananen für Berlin und asiatische Popmusik für Dresden.

Das musikalische Niveau der Darbietungen war hoch, die Vorstellungen von populärer Musik breitgefächert. Die Auftritte der Künstler aus fernen Ländern machten das Festival wirklich international und werteten den Sangeswettstreit auf.

Mitte der achtziger Jahre wurde neben dem internationalen Wettbewerb auch ein nationales Popfestival etabliert. An vier Tagen zeigte sich die neue Popszene der DDR mit aktuellem Sound, der auch die Sendung »Bong« im TV dominierte. Künstler wie Ines Paulke, Arnulf Wenning, Andreas Bicking oder IC (Falkenberg) brachten auf die Bühne, was sie unter zeitgemäßer Popmusik verstanden.

Die Verantwortlichen entschieden sich für mich als Moderator. Da ich mich in diesem Bereich sehr gut auskannte, gab ich an vier Abenden meinem Affen richtig Zucker. Frech bis respektlos versorgte ich die Zuschauer mit Hintergrundinformationen über die Künstler, aus den Produktionsstudios und den Radiosendern. Dinge, die bei »Bong« im TV nicht gesagt werden konnten, benutzte ich fast hemmungslos und manchmal auch auf Kosten der Künstler für Gags. Frei nach dem Motto: Lieber einen Freund verlieren, als einen Gag sausen lassen. Dabei habe ich die ganze kritik- und problemfreie Popmusik inklusive meiner selbst mit einer starken Dosis Selbstironie präsentiert und damit die Ernsthaftigkeit dieses Wettbewerbs teilweise in Frage gestellt.

Aus meiner Sicht investierten nämlich zu viele Künstler mehr Zeit in das Styling ihrer Frisuren und in ihre Garderobe, als dass sie ihre schlummernden Potentiale weckten. Es gab leider zu viele Ostversionen der Neuen Deutschen Welle. Die Blaupausen einer im Westen auslaufenden Bewegung beherrschten die Szene auch beim nationalen Popfestival. Klar, Popmusik steht für den Zeitgeist, und mit der Welle zu schwimmen ist daher fast unausweichlich, aber eben nur fast. Wenn es inflationär wird und der Raum für innovative Tendenzen nicht genutzt wird, kommt schnell Langeweile auf und das Publikum wendet sich ab. Zum Glück gab es auch eine Reihe herausragender Künstler, die nicht in die Kopiefalle liefen und Songs veröffentlichten, die damals begeisterten, weil sie sich abhoben, und die bis heute nichts von ihrer Magie verloren haben. Songs von Silly mit Tamara Danz, die übrigens niemals in »Bong« auftreten wollte, Karussells »Als ich fortging« oder die wundervollen Balladen von Arnold »Murmel« Fritzsch, die er für die großartige Ines Paulke schrieb, um nur einige zu nennen.

Die versammelten Journalistenkollegen, die dieses Popfestival damals schreibend und kommentierend begleiteten, teilten meinen Humor und zum Teil meine Sicht auf die Dinge und »erfanden« für mich einen Preis, den es eigentlich nicht gab.

Am letzten Abend des nationalen Popfestivals kam völlig überraschend Carmen Nebel, die den internationalen Wettbewerb moderierte, während der Show zu mir auf die Bühne und übergab mir den Preis aller Journalisten für »Außergewöhnliche Moderation«. Es machte mich glücklich und stolz, dass es mir gelungen war, ernst genommen zu werden.

Im Nachgang zu diesem schönen Erlebnis war meine gesamte rhetorische Kunst erneut gefordert. Vielleicht hatte ich mich zu weit aus dem Fenster gelehnt, vielleicht wollte man mehr Einfluss auf meine individuellen Agitationsattitüden nehmen – egal, es war so weit. Der Parteisekretär und der Direktor des Komitees für Unterhaltungskunst baten mich zu einem Sechsaugengespräch in die Bizetstraße in Berlin-Weißensee, auf die Kommandobrücke der Unterhaltungskunst. In einem unscheinbaren, aber schicken Mietshaus residierte auf zwei Etagen das schlechte Gewissen der Partei, um als Interessenvertretung der Unterhaltungskünstler getarnt den Zugang zu den Gauklern des Landes nicht zu verlieren.

Den Kapitänen war aufgefallen, dass ich ohne den Beistand der Partei meinen Kurs verfolgte und von Hafen zu Hafen schipperte. Sie wollten mich als jungen Genossen in ihren Reihen sehen. Darauf wollte ich mich unter keinen Umständen einlassen, und in dieser heiklen Situation spielte ich aus dem Bauch heraus eine Rolle, die mir in höchster Bedrängnis einfiel: die des braven Soldaten Schwejk. Das war offensichtlich eine ganz überzeugende Vorstellung, denn wir einigten uns einvernehmlich, dass ich noch nicht so weit bin, um staatstragende Verantwortung als Parteimitglied zu übernehmen. So ist diese Partei später auch ohne mein Zutun untergegangen.

Stern Meißen »Wir sind die Sonne« (1984)
Münchener Freiheit »Ohne dich« (1985)
Europe »The Final Countdown« (1986)

Jürgens Radio Show

1987 zog ich mit meiner Familie in ein aus heutiger Sicht nahezu abrissreifes Einfamilienhaus nach Berlin-Rahnsdorf. In der Branche hieß der Stadtteil nur Rockhausen, denn dort wohnten unter anderen Musiker der Puhdys, von Karat und Stern Meißen sowie ein Großteil der Elite aus der Schlagerfraktion. Dieter »Quaster« Hertrampf, Gitarrist der Puhdys, hatte mich mal in seiner liebevollen, aber ein wenig weltfremdem Art gefragt, warum ich denn nicht dort wohne, und mir Bescheid gegeben, als er vom Verkauf eines Hauses hörte.

Nun war ich nicht nur weltberühmt in der DDR, sondern wohnte auch dort, wo die lebten, die es »geschafft« hatten. Dennoch oder gerade deswegen führte ich eines schönen Tages in einem Anflug von kritischer Selbstreflexion ein Gespräch mit mir selbst: *Was, wenn das morgen vorbei ist? Wie lange willst du den Ansager von den immer gleichen Interpreten geben? Diese Rolle ist eines Tages erschöpft. Was, wenn dich morgen niemand mehr sehen will? Kannst du ohne diesen Zirkus leben und vor allem überleben?* Ohne dass es mich belastet hätte, kamen mir immer wieder Gedanken daran, dass es morgen vorbei sein könnte. So auch an diesem Abend. Da ich allein im renovierungsbedürftigen Bad stand, gab es keinen Grund, mir etwas vorzumachen. Also antwortete ich mir: *Ohne ständig angeschaut und angesprochen zu werden? Ja. Ohne das reichliche Einkommen? Eher nicht.*

Kurz: Ich hielt die Zeit für gekommen, über Alternativen nachzudenken. Da fiel mir wieder das gute alte Radio ein. Schnelles, spontanes Handeln war schon immer eine meiner wenigen Tugenden. Tags darauf verabredete ich einen Termin beim damaligen Intendanten des Berliner Rundfunks, Hannes Potthast. Das lief erstaunlich unkompliziert, denn noch war es ja nicht vorbei mit der Bekanntheit und, ehrlich, noch genoss ich die Schrecksekunde, wenn ich am Telefon meinen Namen sagte und am anderen Ende verdutzt gefragt wurde: »Äh, *der* Jürgen Karney?«

Der Intendant empfing mich in einem überdimensionalen holzgetäfelten Raum. Obwohl sein Büro große Fenster hatte, verdunkelten die vergilbten Gardinen die Szenerie. Von der Tür lief ich gefühlte zwanzig Meter Fußweg vorbei an einem monströsen Besprechungstisch, der mindestens dreißig Leuten Platz bot, hin zu einem Schreibtisch aus so viel Holz, das genug Brennmaterial für einen langen Winter hergegeben hätte. Wir setzten uns in eine kleine Sitzecke mit altmodischen Samtsesseln und einer ebenso antiquierten Stehlampe. Ungerührt schaute Erich Honecker von der Wand auf uns herab. In dieser Sitzecke sollte ich noch einige Male, dann allerdings zwischen den Stühlen sitzen. Aber der Reihe nach.

Zunächst erlebte ich die Geburtsstunde meiner ersten eigenen Radiosendung. Nach einem kurzen Gedankenaustausch darüber, wie ich die Hörer im Land gut zu unterhalten gedachte, war das Ding perfekt. Hannes Potthast nannte mir den Redaktionsleiter Dieter Hunziger und eine Ansprechpartnerin in der Musikredaktion. Die Sendung sollte nach meinen Vorstellungen natürlich »Jürgens Radio Show« heißen, was sofort von ihm akzeptiert wurde. Es ging so schnell, ich hatte hinterher das Gefühl, mich unter Preis hingegeben zu haben. Das war aber egal, ich hatte außer meiner permanenten TV-Präsenz nun eine wöchentliche Radiosendung, war immer sonntags zwei Stunden lang *Auf Sendung!* und konnte im gesamten Land gehört werden. Jedenfalls war das die technische Reichweite. Ob ich den Äther auch für mich erobern würde war abzuwarten. Aber in Dresden, da war ich mir sicher, würde dieses mediale Ereignis aus Mangel an Alternativen seine Freunde finden. In einem Tonstudio hatte ich meine eigenen Jingles produzieren lassen, meine Redakteurin erfüllte die meisten meiner Musikwünsche, und damit entsprach diese Sendung zu achtzig Prozent genau meinen Vorstellungen. Die restlichen zwanzig Prozent waren den üblichen restriktiven Regeln geschuldet. Ein gutes Verhältnis, fand ich.

Langfristig gesehen, war diese spontane Aktion eine meiner besten Entscheidungen. Denn Jahre später, als ich 1991 beim MDR die Samstagabend-Sendung »Meine Show« an Dagmar Frederic verlor, entschied ich, meine Energie nicht weiter beim Fernsehen zu vergeuden, sondern mich nur noch auf die Radiokarriere zu konzentrieren.

Rick Astley »Never Gonna Give You Up« (1987)
Tina Turner »Private Dancer« (1984)
USA for Afrika »We are the World« (1985)

Einzelkämpfer

Von der ersten Stunde meiner freischaffenden Tätigkeit an hatte ich stets ein wenn auch unregelmäßiges, so doch ausreichendes Einkommen. Die steuerlichen Bedingungen für Freiberufler waren in der DDR paradiesisch. Es gab nur eine Regel und die lautete: Von jeder Mark zwanzig Prozent Einkommensteuer. Mehrwertsteuer gab es nicht – was will man mehr. Hätte unsere Wirtschaft im Weltmaßstab Geltung erlangt, wäre das Steuerparadies Europas nicht Luxemburg, sondern Limbach-Oberfrohna in Sachsen geworden.

In den ersten Jahren meiner Moderatorentätigkeit schloss ich mich oft und gern den Heerscharen von Tanzmusikern, Sängern, Artisten und sonstigen Gauklern an, um denjenigen, die »richtiger« Arbeit nachgingen, die Freizeit zu versüßen. Anlässe gab es genug: ganz weit vorn der Internationale Frauentag, ein Datum, an dem manche Kollegen bis zu viermal auftraten. Dann der Tag der Mitarbeiter des Handels (16.2.), der Tag des Bergmanns und des Energiearbeiters (6.7.), der Tag der Metallurgen (16.11.) usw. – fast jeder Werktätige wurde im Verlauf eines Jahres gewürdigt. Zwischen Thüringens Rennsteig und Rügens Kreideküste gab es kaum ein Kulturhaus oder einen Saal, in dem ich nicht aufgetreten bin. Irgendwo hat irgendjemand immer irgendetwas gefeiert. Das Gros dieser Veranstaltungen wurde durch die Konzert- und Gastspieldirektionen der Bezirke organisiert und besetzt. Das gab den freischaffenden Artisten, Pudelbändigern, Zauberern, musizierenden Kollegen und eine Zeitlang auch mir Arbeit und Planungssicherheit.

Wegen meiner permanenten Medienpräsenz ab Anfang der achtziger Jahre stieg die Nachfrage und ich nahm die vermittelnden Dienste der KGD weniger in Anspruch und »verkaufte« mich selbst. Da ich schon damals eher die Einzelkämpfermentalität eines Samurai hatte und im Alleingang ziemlich weit gekommen war, gab es für mich keinen Grund, Termine und Geldangelegenheiten in die Hände eines Managers zu geben. So blieb ich unabhängig und selbstbestimmt. Das, was es zu managen gab, konnte ich allein, nur die Honorarverhandlungen waren mir oft unangenehm, die hätte ich gern delegiert. Aber die Angst, über den Tisch gezogen zu werden, war latent vorhanden, obwohl, wie sich gleich zeigen wird, dazu kein Manager nötig ist. Ausgerechnet Narren hielten mich zum Narren.

Die berühmten Karnevalisten von Neugersdorf hatten mich in ihren Elferrat berufen und ich nahm als Ehrenpräsident an einer sehr rustikalen Prunksitzung teil. Was die als Narren verkleideten Büttenredner an diesem Abend an Frust und Groll auf den Staat abließen, hätte ohne Narrenkappe locker für eine Meldung an den Abschnittsbevollmächtigten (ABV) der Volkspolizei gereicht. Das Tollste in diesem Tollhaus aber erlebte ich, als es an das Auszahlen meiner Gage ging. Der Präsident lotste mich in einen Nebenraum und präsentierte mir stolz einen kleinen runden, perfekt lackierten Tisch mit einem kunstvoll gedrechselten Fuß.

»Schön«, sagte ich, »das ist aber eine Überraschung, da wird sich meine Frau freuen, vielen Dank.«

»Das ist deine Gage, so einen Tisch bekommst du nicht zu kaufen, das ist Handarbeit, hat der Rudi selbstgemacht …«

Das war der beste Gag des Abends. Wir hatten Geld vereinbart und ich düste wieder ab mit einem Tisch, den der Rudi selbstgemacht hatte, den ich nicht wollte und nicht brauchte. Ich musste immer wieder herzlich lachen über die Karnevalisten und wie sie mich regelrecht über den Tisch gezogen hatten.

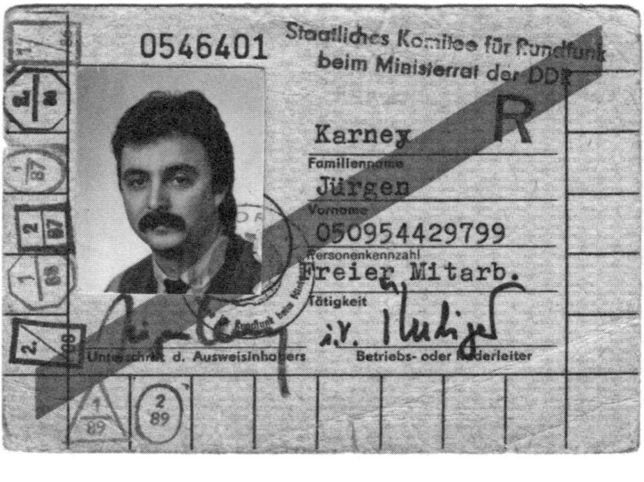

Die spektakulärsten Auftritte meines Moderatorenlebens verdanke ich, ob ich will oder nicht, der FDJ, der Freien Deutschen Jugend. Der Jugendverband setzte im Veranstaltungswesen nachhaltig Akzente. Er war der »Verband mit der freien Hand«, der aus dem Vollen schöpfte. Es wurde nicht gekleckert, sondern geklotzt, und wenn es sein musste, wurden ganze Stadtviertel abgesperrt für die Paraden und Aufmärsche, an die sich meist ein Festprogramm mit Musik und Unterhaltung anschloss. Mit maximalem Aufwand, weit über dem normalen Standard, entwickelte ein »Gestalter-Kollektiv« die Szenarien für die Treffen und Konferenzen des Jugendverbandes der DDR.

Unter der Stabführung eines Nationalpreisträgers als Regisseur inszenierte die FDJ die machtvollen Umzüge der Blauhemden, entwickelte Ideen für die Konferenzen und sorgte am Ende der offiziellen Begegnungen für gelöste Stimmung unter den jugendlichen Teilnehmern – und da kam ich ins Spiel. Es gelang mir immer wieder, mich bei politischen Bekenntnissen weitestgehend zurückzuhalten. Dass ich bei derartigen Veranstaltungen im kulturell-unterhaltenden Teil auf der Bühne stand, war Bekenntnis genug, fand ich.

So kam nur selten jemand auf den Gedanken, mich für politische Statements auf die Bühne zu bitten. Mein Spielplatz beschränkte sich auf Riesendiscos, Rockkonzerte, Breakdance-Wettbewerbe, später auch Misswahlen und viele andere spektakuläre Gelegenheiten, bei denen ich mich überzeugend einbrachte. Tausende Zuschauer erlebten üppig ausgestattete Shows mit hochkarätigen Mitwirkenden in den größten Hallen, ja sogar in Fußball- oder Radrennstadien, kein Superlativ konnte das Gestalter-Kollektiv abschrecken. Ausgestattet mit allen notwendigen Befugnissen und der Rückendeckung von »ganz oben«, organisierten, improvisierten und inszenierten sie aufwendig.

In diesem Team arbeitete auch Gerald Ponesky, ein nimmermüder, fixer und äußerst flexibler Produktionsleiter, der die Fäden immer fest in der Hand hielt – ein Terrier, der sich verbiss und nicht lockerließ, bis alles seinen hohen Ansprüchen genügte. Pony, wie er noch heute von allen, selbst von Altbundeskanzler Gerhard Schröder, genannt wird, hatte später einen großen Anteil am Gelingen der Konzerte von Bruce Springsteen, James Brown und Joe Cocker 1988 in Ostberlin. Sein heutiges »Gestalter-Kollektiv« ist eine erfolgreiche Eventagentur, die unter anderem Konzepte für Großveranstaltungen, wie das Fest zum Tag der Deutschen Einheit am Brandenburger Tor, entwickelt und umsetzt. Gelernt ist gelernt.

Ich erinnere mich an ein Pfingsttreffen im Stadion in Frankfurt an der Oder. Dort standen zwei riesige Bühnen im Innenraum, auf denen abwechselnd mehrere der beliebtesten Ostbands spielten. Das Programm sah vor, mich im offenen Wagen unter Jubel eine Ehrenrunde drehen und danach Kaskadeure aus der ČSSR in ramponierten Pkws der Marke Lada und Wolga in waghalsigen Runden die Aschebahn umpflügen zu lassen. Die FDJ bezahlte es sicher gern.

Besagtes Gestalter-Kollektiv war auch federführend, als in Berlin 1987 die 750-Jahr-Feier stattfand. Ein schwieriges Unterfangen an der Nahtstelle zweier Weltsysteme in einer geteilten Stadt, die in der DDR-Ideologie aber zwei eigenständige Städte darstellten. Das Kollektiv inszenierte unerschrocken und in weltstädtischen Dimensionen.

Viele Tausend Mitwirkende spielten, sangen, turnten und tanzten, um den Gästen im Ostteil der Stadt zu vermitteln, dass die Hauptstadt alt, aber aufregend und fortschrittlich sei. Der »Siegeszug des Sozialismus« zog vorbei am wiederaufgebauten Nikolaiviertel, und vor den vielen Brachen und maroden Schandflecken standen potemkinsche Bühnen, auf denen in bunten Programmen Profis und Amateure von der Lebensfreude der Arbeiter und Bauern kündeten.

Auch für mich als Moderator gab es viel zu tun und Geld zu verdienen. Mein Honorar fiel besonders üppig aus, denn, wie ich bei meiner jährlichen Steuererklärung feststellte, hatte man mir das komplette Honorar für »750 Jahre Berlin« im Taumel der Feierlichkeiten gleich zweimal überwiesen. Da zu diesem Zeitpunkt das Gestalter-Kollektiv weitergezogen und das Organisationsbüro lange aufgelöst war, machte ich mir nicht die Mühe zu recherchieren, wohin ich meinen unverdienten Überschuss zurückschicken konnte, und deklarierte ihn als Sonderzahlung, was er ja auch war.

Bruce Springsteen »Dancing in the Dark« (1984)
Dirk Zöllner »Du bist schön« (1990)
Clowns & Helden »Ich liebe dich« (1986)

Live-Talk *Auf Sendung!*

Diese Story wird damit enden, dass ich zum zweiten Mal in meinem Moderatorenleben den langen Weg entlang des Besprechungstisches im Büro des Intendanten des Berliner Rundfunks gehe. Das war 1988. Einmal monatlich interviewten Wolfgang Lippert und ich in einem Café im *Palast-*

hotel unweit des Palastes der Republik prominente Gäste aus Kultur, Sport und Gesellschaft. Eine Live-Sendung mit nicht ausgewähltem, zahlenden Publikum. Gespräche, von denen keiner wissen konnte, wohin sie entgleiten.

Wir genossen dieses Privileg. Das mit dem Entgleiten hat einige Male geklappt, denn im Großen und Ganzen ließ man uns gewähren. Hat uns auch nicht beeindruckt, dass wir unter den wachsamen Augen der festangestellten Redakteure, die sprungbereit vor uns in Reichweite der Mikrofone saßen, agierten. Sie hatten mit viel Recherche und Einfühlungsvermögen ein Manuskript vorbereitet, das wir weitestgehend ignorierten. Nicht sehr kollegial, aber mach was gegen Profilierungssucht. Wir begrüßten in den Sendungen viele interessante Gesprächspartner aus Ost und manchmal West. Unter anderem begegnete ich so Sigmund Jähn, dem ersten Deutschen im All, Angelika Milster, der ersten deutschen Katze Grizabella im Musical *Cats*, und Andy Borg, dem ersten Österreicher nach Udo Jürgens, der in Ostberlin auftreten durfte.

Wolfgang organisierte, als wir den Kulturminister zu Gast hatten, seine Reisen zu Frank Elstner in die BRD und damit seinen ersten Schritt Richtung Westen. Mir war der Zustand meines halbfertigen Hauses in Rockhausen wichtiger und so nutzte ich die Bekanntschaft mit dem Generaldirektor eines holzverarbeitenden Kombinates, um die Lieferung von einigen Klaftern Bauholz zu verabreden. Das war mir näher als Bremen. Wie ich dennoch zu einem Reisepass mit Dauervisum kam, darüber reden wir gleich im Anschluss.

Während einer der Sendungen hatten wir auch Frank Schöbel zu Gast, wir unterhielten uns über das Komitee für Unterhaltungskunst. Diese Interessenvertretung für Unterhaltungskünstler wachte allerdings mit strengem Blick darüber, dass die Bestrebungen der Partei- und Staatsführung nicht verletzt wurden. Im Grunde also Interessenkollision vorprogrammiert. Es gab in diesem Komitee sogenannte Sektionen für einzelne Genres, zum Beispiel waren für die Rockmusik Peter Meyer von den Puhdys und später Toni Krahl von City die Wortführer. Die Belange der Schlagersänger vertrat Frank Schöbel. Vorsitzende war die Schriftstellerin Gisela Steineckert, eine viel zu kluge Frau, um in diesem Konstrukt nicht selbst in Konflikt zu geraten.

Das sagte Schöbel sinngemäß auch in unserem Gespräch. Genauer nannte er das Komitee »Pappkameraden«, die nichts reißen könnten, selbst wenn sie wollten. Mutig. Aber er war Schöbel Superstar, National- und Kunstpreisträger. In schweijkscher Manier, also der gespielten Annahme »der darf das«, widersprach ich nicht und applaudierte gemeinsam mit dem Publikum. Das führte mich (diesmal in Begleitung von Lippi) zum zweiten Mal schnurstracks in das Zimmer mit dem langen Gang vorbei an dem riesigen Sitzungstisch direkt in die kuschelige Sitzecke zum Intendanten.

Der arme Kerl, er musste uns verwarnen, weil wir nicht vehement protestiert hatten, als Frank Schöbel seine kritische Meinung formuliert hatte. Das war so lustig, er drehte seine beiden Beine umeinander und versuchte es auf die kumpelhafte Tour: »Jungs, jetzt versteht doch mal …« Wir: »Nö.« Nach diesem Appell war die Welt wieder in Ordnung und keiner war gestorben, weil Schöbel Rückgrat bewiesen hatte.

Es war nicht das letzte Mal, dass ich in diesem Büro entlang des langen Tisches gegangen bin. Nur beim nächsten Mal sollte die Welt tatsächlich auf dem Kopf stehen.

New Order »Blue Monday« (1983)
Rainbirds »Blueprint« (1987)
Falco »Wiener Blut« (1988)

Halbzeit – Raucherpause

Sie haben die Hälfte des Buches erreicht und wenn ich Sie dazu beglückwünschen würde, hieße das, dass ich mich selbst nicht ernst nähme. Deshalb lasse ich das und erzähle zur Entspannung, wie ich mir das Rauchen abgewöhnte, und das meine ich ernst.

Als mir auffiel, dass in Redaktionskonferenzen die Verständigung nur noch mit Nebelhorn und Klopfzeichen funktionierte, weil man sein Gegenüber nicht mehr sah, als ich feststellte, dass tränende Augen und Kopfschmerzen auch durch das Qualmen von weiteren Zigaretten nicht nachließen, beschloss ich, statt sofort mit dem Rauchen aufzuhören, erst einmal darüber nachzudenken, mit dem Rauchen aufzuhören.

Mark Twain soll gesagt haben: »Mit dem Rauchen aufzuhören ist kinderleicht, ich habe es schon hundertmal geschafft.« Das kennt jeder Raucher. Es braucht einige Anläufe. Die meisten Versuche scheitern, weil wir schwach sind. Erst als mir eines Abends beim obligatorischen Absacker mit Kollegen tatsächlich schlecht wurde vom Rauchen, habe ich von heute auf morgen, ohne weiter darüber nachzudenken, keine Zigarette mehr angefasst. Das war während einer Pressefesttournee in den Achtzigern, da habe ich wirklich alle meine Zigaretten einzeln aus dem Auto geworfen und von Stunde an keine Kippe mehr angerührt. Es funktionierte prima.

Wochenlang ging das gut, bis zum Rückfall, bis zu dieser einen Zigarette, die man ja mal probieren kann. Nach einer halben Schachtel machte ich erneut Schluss mit der Qualmerei und löste das Problem mit Autosuggestion. Fernab jedes Gedankens an eine Zigarette konzentrierte ich mich nur auf meine Willenskraft und entwickelte Selbstvertrauen.

Fortan gab und gibt es keinen Grund mehr für mich, jemals wieder zu rauchen, aber viele Gründe, es nicht zu tun. Der Hauptgrund: Ich habe andere Prioritäten als Rauchen und damit keine Veranlassung, in Papier eingewickeltes getrocknetes Laub anzuzünden und zu inhalieren.

Vielleicht klappt's bei Ihnen auch.

Deep Purple »Smoke on the Water« (1972)
Bryan Ferry »Smoke Gets in Your Eyes« (1974)
Rainald Grebe »Raucher« (2008)

Privilegien

Entfesselte Journalisten entdeckten Ende 1989 verchromte Wasserhähne aus dem Westen in den Häusern der DDR-Staatsführung in Wandlitz. Das Wort »Privilegien« wurde von nun an von vielen Menschen sehr strapaziert. In der Tat aber war die Verlogenheit des Regimes auch in der

Vergabe von Vorrechten und Ausnahmeregelungen für einzelne Personen deutlich geworden.

Spätestens als ich Mitte der achtziger Jahre einen Brief vom VEB IFA-Vertrieb mit der Nachricht erhielt, dass ein Pkw vom Typ Peugeot 305 für mich bereitstehe, gehörte ich zu den Bevorzugten. Das leidige Thema Auto war ja immer gegenwärtig. Um zu den Veranstaltungen zu kommen, war ich im Jahr fünfzig- bis sechzigtausend Kilometer unterwegs, da kam diese Offerte zum richtigen Zeitpunkt. Der Kaufpreis überstieg meine Mittel, aber es war Harry Jeske von den Puhdys, der mir, ohne mit der Wimper zu zucken, zwanzigtausend Mark quasi fast aus der Hosentasche lieh mit den Worten: »Gib es mir wieder, wenn du es hast.«

Ein weiteres Privileg vieler schreibender, musikmachender, bildender und darstellender Künstler war ein Reisepass. Wofür Menschen ins Gefängnis gingen und sogar ihr Leben gaben, das wurde einigen von uns regelrecht aufgedrängt oder auf Anfrage hin unbürokratisch ausgestellt. Mein nahezu lächerlich klingendes Ersuchen an den Direktor des Komitees für Unterhaltungskunst, dass ich zum Zwecke meiner Weiterbildung hinsichtlich Gestaltung und Durchführung eines Rockkonzertes zu einem Auftritt der Band Kool & the Gang nach Westberlin fahren müsse, wurde mit Pass und Visum beantwortet. In der Waldbühne angekommen, traf ich so viele Kollegen aus dem Osten, dass ich dachte, ich bin auf der Freilichtbühne in Weißwasser.

Über diesen Konzertbesuch beim Klassenfeind sollte ich einen ausführlichen Bericht schreiben. So schrieb ich eine stimmungsvolle, begeisterte Konzertkritik. Ich hob die funkelnde Brillanz der Bläsersätze hervor und zeigte mich fasziniert von der ausgeklügelten Dramaturgie dieser einmaligen Ensembleleistung. Dieser »Bericht« in schwejkscher Manier war sicher nicht das, was erwartet worden war, aber ich brauchte dann bei weiteren Konzertbesuchen in Westberlin nichts mehr zu verfassen.

Zusammen mit dem Vertrag für einige Auftritte im Kulturhaus der Eisenbahner der Berliner S-Bahn in Westberlin bekam ich einen Reisepass mit Visum gleich dazu. Jetzt hatte ich schon zwei gültige Pässe. Als ich eine private Reise beantragte, stellten sie mir den dritten und für einen Auftritt in Travemünde schließlich den vierten Reisepass aus. Kaum zu glauben, da wusste doch die linke Hand nicht, was die rechte tat, und das in einem Überwachungsstaat.

Für mich damals total normal, aber für viele ein Privileg: ein Telefonanschluss. Wie sich lange nach der Wende auf kuriose Weise herausstellen sollte, hatte ich den Anschluss, weil er Teil meiner Observierung war.

Es muss 1987 gewesen sein, als ich mit einem befreundeten Produktionsleiter eines Popfestivals in Karl-Marx-Stadt (heute Chemnitz) telefonierte. Während des Gespräches hörten wir seltsame Geräusche und ich sagte sinngemäß: »Wir müssen noch mal unsere letzten Sätze wiederholen, die Genossen haben die Kassette gewechselt, nicht dass beim Mitschnitt was fehlt.«

Jahre später, irgendwann in den späten Neunzigern, sprach mich ein DJ an, der meinen damaligen Gesprächspartner kannte und mir haargenau von diesem Telefonat erzählte. Er stellte sich vor als ehemaliger Mitarbeiter von »Horch und Guck« und hatte seinerzeit tatsächlich während des besagten Gespräches die Kassette gewechselt. Bei der Gelegenheit erzählte er mir, dass seine Vorgesetzten nicht begeistert gewesen waren von den Dingen, die bei mir am Telefon so besprochen wurden. Der Lauscher an der Wand, hört seine eigne Schand …

Herbert Grönemeyer »Was soll das?« (1988)
Milli Vanilli »Girl You Know It's True« (1988)
Rockhaus »I.L.D.« (1988)

Der Spaß ist zu Ende

Eine der erfolgreichsten Sendungen des DDR-Fernsehens war die Rateshow »Spielspaß« mit Hans-Georg Ponesky. Er und seine Frau als Chefin eines kleinen, aber sehr kreativen Redaktionsteams schickten Prominente mit ausgewählten Zuschauern in lustige Rate- und Spielrunden. Am 9. November 1989 waren Carmen Nebel, der Moderator Juergen Schulz und ich zu Gast in der Sendung, die in Karl-Marx-Stadt produziert wurde. Da sollte uns der Spaß vergehen, denn das Spiel war aus.

Die Liveshow begann um zwanzig Uhr, und damit niemand den richtigen Zeitpunkt fürs Lampenfieber verpasste, sah man im ganzen Haus auf den Monitoren das laufende TV-Programm. Dort in der Maske, wo üblicherweise der neueste Klatsch und Tratsch ausgetauscht wurde (Maskenbildner wissen immer alles über jeden), drehten sich die Gespräche nur noch um die politische Entwicklung im Land. Die Meldungen mit Neuigkeiten aus Berlin kamen im Stundenrhythmus. Gerade war wieder ein Mitglied des Politbüros, Harry Tisch, zurückgetreten. Die Situation war angespannt und unübersichtlich geworden.

Im Grunde war keiner so richtig bei der Sache und die eifrige Frau Ponesky hatte alle Mühe, ihre Promis und deren Mitspieler zu motivieren. Das hat sie wirklich gut gemacht, aber wenn ein Staat bröselt, ist der Spaß halt zu Ende. Unvergessen der Moment, in dem die halbgeschminkte Carmen und ich, der schrecklich Geföhnte, gerade noch mit halbem Ohr Günter Schabowskis Worte aufschnappten: »Das tritt nach meiner Kenntnis … ist das sofort, unverzüglich.«

Als daraufhin in Berlin die Menschen zur Bornholmer Brücke zogen, hatten wir getrübten Spielspaß. Diese Sendung hatte wahrscheinlich die höchste Ausschaltquote aller Zeiten.

Die anschließende nächtliche Heimreise über eine fast leere Autobahn wurde zu einer Fahrt ins Ungewisse, voller Erwartungen und Hoffnungen, aber auch Befürchtungen.

Wer konnte ahnen, dass sich unser aller Leben derart weitreichend ändern sollte? Auch meine unmittelbare berufliche Zukunft wurde stark von den Ereignissen dieser Tage beeinflusst. Die neue Show »Karney & Co.« ging gerade an den Start, die erste Folge sollte am Wochenende nach dem Mauerfall in Karl-Marx-Stadt aufgezeichnet werden. Während die Tickets für die Premiere noch wie Goldstaub gehandelt wurden, mussten wir nach der Maueröffnung fast Publikum von der Straße holen, um den Saal vollzubekommen.

Scorpions »Wind of Change« (1990)
David Hasselhoff »Looking for Freedom« (1989)
Pink Floyd »The Wall« (1979)

Ausschaltquote

Nach ungefähr sieben Jahren mit »Bong«, in denen in kürzer werdenden Abständen immer dieselben Künstler antraten und musikalische Überraschungen ausblieben, fing der ganze Zirkus an, mich zu langweilen. Die Herausforderung an die Moderation einer solchen Sendung erschien mir auf Dauer weit unter meinen Möglichkeiten. Der Rahmen, den diese Sendung vorgab, war zu klein geworden, und ich fühlte mich zu Höherem berufen. Der Generationswechsel im DDR-Fernsehen war überfällig, hinter vorgehaltener Hand wurde bereits getuschelt. Ganz klar, ich wollte in der Poleposition stehen, wenn es losging.

Meinen Rücktritt von »Bong« wollte Heinz Adameck persönlich erklärt haben und so ging ich auf dem Gelände des DDR-Fernsehens in das Gebäude H1A, wo der Vorsitzende sein Büro hatte. Zufall oder Personenkult – H1A, wie *H*einz *A*dameck, man weiß es nicht.

Adameck ließ sich berichten, wie ich mir die Zukunft der Abendunterhaltung im TV vorstellte und welche Rolle ich mir dabei zugedacht hatte. Offensichtlich war es mir gelungen, überzeugend zu argumentieren, denn er gab seine Zustimmung zu meinem Ausstieg aus »Bong«. Nach einer hochemotionalen und großartigen Abschiedsgala von »Bong« im Kulturpalast in Gera war nun der Weg frei, der Fernsehunterhaltung am Samstagabend meinen Stempel aufzudrücken.

Nach Kräften unterstützte mein Redaktionsleiter, für mich eine große Show zu entwickeln. Er konnte mit meinem Übereifer umgehen und kannte die sehr speziellen Befindlichkeiten im Hause DDR-Fernsehen und allen angeschlossenen Abteilungen bis hoch in die Parteileitung. Denn dort wurde letztendlich über Erfolg und Misserfolg eines Projekts entschieden. Außerdem war er sehr ehrgeizig und wollte mit Frau Matt, der unübertroffenen Macherin von »Ein Kessel Buntes«, mindestens gleichziehen. Wir sind auch sehr stark gestartet, ich hatte mein Dreamteam mit den besten Redakteuren und einem erfahrenen Regisseur, mit dem ich schon oft gearbeitet hatte. Titel der Sendung: »Karney & Co.«.

Während der Vorbereitungen 1989 kam der Sommer der Flüchtlinge, die über Ungarn den Weg in die Freiheit suchten. Unruhe in den Reihen der Genossen, Unruhe allerorten. Ein Land vor dem Umbruch und niemand konnte und wollte sich konzentrieren auf die sehr aufwendigen Vorbereitungen eines neuen abendfüllenden Fernsehformats.

Unter diesen Umständen reagierte ich sehr pragmatisch. Das mache ich immer bei plötzlichen Veränderungen. Unter Auslotung aller Möglichkeiten das ursprüngliche Ziel immer im Fokus. Statt also weitsichtig die ganze Aktion abzublasen, versuchte ich wie besessen, das Beste aus der neuen Situation zu machen. Wir änderten das Konzept der Show, versuchten komplett neue Wege zu gehen. So kam es, dass wir nicht wie sonst üblich im DDR-Fernsehen darüber redeten, was *nicht* geht, sondern wir verzettelten uns darin, zu diskutieren, was nun alles möglich sei. Dabei verplemperten wir Potential und Zeit mit Diskussionen, ob wir lieber Dieter Bohlen oder Vanessa Paradis in die Sendung einladen sollen. Belanglose Auseinandersetzungen, die am eigentlichen Problem, nämlich der Frage, für wen wir das eigentlich noch alles machen, vorbeigingen.

Als sich Anfang November die Grenze endgültig und für alle öffnete, interessierte sich so gut wie niemand mehr für das Programm des DDR-Fernsehens, geschweige denn für eine Show wie »Karney & Co.« mit Produktionsstandort in Karl-Marx-Stadt. Alle Bemühungen mit Superlativen, das Publikum in die Halle zu locken und am Fernseher zu halten, mussten fehlschlagen. Auch der außergewöhnliche Hauptpreis dieser Spielshow, den ich in schwierigen Akquise-Gesprächen mit der Bundesbahn verabreden konnte, verpuffte. Meine Gewinner sollten exklusiv bei der Jungfernfahrt des damals nagelneuen ICE im Cockpit mitfahren.

Mein Sketchpartner, der Schauspieler und Kabarettist Lothar Tarelkin, und ich, wir haben uns die Seele aus dem Leib gespielt, das Fernsehballett war sexy und aufregend, es wurden Bühnenbilder entworfen und gebaut, die es seit Rudi Carrell im deutschen Fernsehen nicht gegeben hatte. Viele Stars sangen und spielten mit mir – bis auf Alfred Biolek, den ich mehrmals getroffen hatte, um seine Mitwirkung vorzubereiten. Er zog nach der ersten freien Wahl in der DDR seinen Auftritt in dieser Sendung mit Bezug auf das Wahlergebnis zurück. Sicher hätte seine Anwesenheit das Ende nicht verhindert. Für »Karney & Co.« hatte das DDR-Fernsehen zwei Wochen vor der Währungsunion noch mal sehr großzügig viele DDR-Mark ausgegeben. Für eine Sendung mit einer spitzen Ausschaltquote.

Frank Zander »Hier kommt Kurt« (1990)
Vanessa Paradis »Joe le taxi« (1987)
C. C. Catch »I Can Lose My Heart Tonight« (1985)

Monopoly für alle

An zwei Tagen, an denen in Deutschland jüngere Geschichte geschrieben wurde, war ich *Auf Sendung!*. Wie schon am Tag der Maueröffnung so auch am Tag der Währungsunion. Aus der Bar in der siebenunddreißigsten Etage des damaligen Hotels *Stadt Berlin* am Alexanderplatz sendete Stimme der DDR die Radio-Talkshow »Die Nacht mit Karney und Lippert«. Vom späten Samstagabend des 30. Juni 1990 bis in den 1. Juli hinein führten wir Gespräche mit wirklich interessanten Persönlichkeiten.

Einer unserer Gäste an diesem Abend war der stellvertretende Verteidigungsminister Armeegeneral Brümmer, der vielleicht bereits ahnte, dass er schon bald nichts mehr zu verteidigen hatte und die Geschichtsschreiber ihn vergessen würden. Er gab sich jovial, sehr volksverbunden und zeigte sich für alles und jeden voller Verständnis. Es fiel mir tatsächlich schwer, die nötige Distanz und Objektivität zu wahren. Bezeichnend fand ich, dass er in Zivil erschienen war. Man konnte Erleichterung vermuten, dass er nicht die dicke Borte und die damit verbundenen Lasten auf seinen Schultern tragen musste.

Von dem kleinen Podium, auf dem wir saßen, hatte man direkten Blick auf die Filiale der Sparkasse in der Alexanderstraße. Hier hatten sich schon am frühen Abend Hunderte von Menschen versammelt, um ab Mitternacht das ersehnte Westgeld in Empfang zu nehmen. Die Bilder, die von der Auszahlung der DM an DDR-Bürger um die Welt gingen, entstanden fast alle genau dort. Ein Gerangel, als würde das Geld wie früher die Bananen im Konsum nur für die Ersten in der Schlange reichen. Aus meiner Perspektive von da oben herab ein unwürdiges Bild. Hatten noch vor einem halben Jahr fast eine Million Menschen »Wir sind das Volk« gerufen und mit Ironie und Witz auf ihren Transparenten die Freiheit des Denkens und Handelns gefordert, so drängelte sich in dieser Nacht das Volk um den Mammon. Nur wenige Meter von jener Stelle entfernt, an der im November zuvor die Rednertribüne der Großdemonstration gestanden hatte.

Damals, am 4. November 1989, war ich mit Freunden rund um den Fernsehturm mitgezogen, vorbei am Palast der Republik. Wir machten noch Witze darüber, was wäre, wenn wir einfach geradeaus Richtung Brandenburger Tor laufen würden. Ich hatte im Pulk all derer gestanden, die nach Erneuerung riefen und den Rednern am Alex aufmerksam zuhörten. Als Markus Wolf auf die Tribüne stieg, um eine Rede zu halten, verließ ich den Platz. Das versammelte Volk setzte an beiden Tagen seine Prioritäten – im November 1989 und im Juli 1990.

Als um null Uhr das Blitzlichtgewitter vor der Sparkassenfiliale auf der Alexanderstraße losbrach und die Kameralichter die Szene erhellten, stießen wir mit Rotkäppchen-Sekt, den wir mit letztem Ostgeld bezahlten, auf die D-Mark an, und dann ging jeder still seinen Gedanken nach … der Zukunft zugewandt.

Helga Hahnemann »Wo is mein Jeld« (1986)
Matthias Reim »Verdammt ich lieb dich« (1990)
Sinéad O'Connor »Nothing compares 2 U« (1990)

Stunde Null

In Bezug auf meine Karriere hatte ich nie wirklich den einen Masterplan. Vieles ist mir tatsächlich in den Schoß gefallen. Wo andere eine Karriereleiter emporkletterten, tappte ich in einem Karriereflur von Tür zu Tür. Schloss sich die eine, öffnete sich eine neue. Logisch, dass da auch mal die Klotür dabei war, aber eines lernte ich schon früh: Ärgere dich nicht über Dinge, die du nicht ändern kannst. Weiter geht's.

Pragmatisch und ungeduldig zögerte ich selten, wenn es darum ging, berufliche oder private Entscheidungen zu treffen. Schwebezustände und planloses Sich-treiben-Lassen gab es bei mir nur an wenigen Tagen nach reichlichem Alkoholgenuss, weswegen ich das vor Jahren nahezu komplett eingestellt habe. Der kurze Rausch des Alkohols ersetzt nicht das Hochgefühl, das sich nüchtern einstellt, wenn man erfolgreich seiner Passion nachgehen kann. Meine Droge hieß und heißt, nur das zu tun, was mir Spaß macht und dass ich davon gut leben kann. Anderen Menschen und mir Unterhaltung und Kurzweil zu bringen – das ist mein persönliches Lebensmotto.

Das mag kein großer Anspruch sein, aber mir hat es, wann immer es gelang, große Glücksmomente beschert, und je älter ich werde, desto größer wird meine Dankbarkeit, dass es so lange funktioniert hat. Vielleicht hätte ich beizeiten meinen Fleiß mehr auf Geld wenden sollen, um, wie man so schön sagt, mein Heu in der Scheune haben, also finanziell versorgt sein können. Aber das war nicht mein Ziel. Solange es reicht, bin ich eher bescheiden.

Nach dem Niedergang des Sozialismus begann, wie für alle, auch für uns Unterhaltungsmacher das Monopoly-Spiel.

Gehe über Start, ziehe hundert DM Begrüßungsgeld ein und versuche dein Glück. Ein existentielles Spiel, dessen Regeln in keiner Anleitung standen. Und so hieß es auch in meiner Branche neudeutsch: *learning by doing.*

Heute haben wir uns alle an Einschaltquoten gewöhnt und arrangieren uns damit, »gegen die Tür zu spielen«. Das bedeutet, die Gage ist abhängig vom Erlös der an der Tür verkauften Tickets. Damals, gleich nach der Wende, gab es Künstler, die von ihren ehemaligen Fans statt Jubel nur noch Mitleid bekamen. Das neue Geld wollten die wenigsten für Tickets oder Platten ihrer Ostidole ausgeben. Für fast alle freischaffende Musiker, Schauspieler, Moderatoren usw. aus der DDR stand anfangs eine wichtige Überlegung. Jeder hatte für sich zu entscheiden, wie weit er sich als Künstler unter Wert verkauft, um zu überleben. Jeder hatte sich der Frage nach dem Stellenwert seiner Kunst im kulturellen Dschungel der Nachwendezeit zu stellen.

Die Umstände erforderten eine selbstkritische Bestandsaufnahme und unter Umständen eine völlige Neuausrichtung des eigenen Schaffens. Wer sich selbst und seine Fähigkeiten falsch bewertete, dem haute der real existierende Kapitalismus die alten Autogrammkarten ganz schnell um die Ohren. Es gab auch für prominente Künstler keine Beschäftigungsgarantie mehr, dort, wo die Konzert- und Gastspieldirektion einst wirkte, entstanden nun Versicherungs- oder Maklerbüros.

Viele vormals anerkannte und hochdotierte Kollegen verlagerten gezwungenermaßen ihr Geschäftsfeld und wurden branchenübergreifend als Versicherungsvertreter oder Autohändler tätig. Der sehr beliebte Fernsehunterhalter Lutz Jahoda versuchte mit Jeans-Geschäften seinen Lebensunterhalt zu verdienen, was leider gründlich schiefging. Erst

Jahre später erwachte das Interesse seiner alten Fans wieder und er wurde als Buchautor tätig.

Manche der vor dem Ende der DDR gen Westen gezogenen Kollegen hatten derartige Erfahrungen schon Jahre früher gemacht. Der Traum von einer ruhmreichen Karriere mit künstlerischer und finanzieller Unabhängigkeit erfüllte sich nicht immer. Meine beiden Freunde Holger und Norbert von H&N zum Beispiel konnten ihre Karriere von Westberlin aus nicht so starten, wie sie sich das vorgestellt hatten. Dennoch haben sich beide bestens behauptet. Holger wurde erfolgreich im Immobiliengeschäft und Norbert etablierte sich als Komponist und Musikproduzent und vererbte seine musischen Gene auch seiner Tochter Ella Endlich.

Abrupte Kursänderungen oder gar eine soziale Notsituation blieben mir durch vorausschauende Planung meines weiteren Lebenstörns und einige glückliche Zufälle erspart, und ich brauchte in keinem Augenblick eine Rettungsinsel klarmachen. Stattdessen konnte ich Segel setzen und »Rauschefahrt« aufnehmen.

Kaoma »Lambada« (1989)
Billy Joel »We Didn't Start the Fire« (1989)
Phil Collins »Another Day in Paradise« (1989)

Expedition ins Wessiland

Christian Ploppa aus Hamburg führte seine Konzertagentur unkonventionell, aber immer aufs Ergebnis fokussiert. Wir hatten uns in Ostberlin kennen- und schätzen gelernt. Seine offene norddeutsche Art gefiel mir, sein Humor war wie der meine und damit waren schon zwei wichtige Voraussetzungen für eine Zusammenarbeit erfüllt.

Er betreute damals unter anderen Fury in the Slaughterhouse, eine Rockband aus Hannover, die sich anschickte, die Musikwelt zu erobern. Weshalb er sich ausgerechnet einen DDR-Moderator ins Portfolio seiner Agentur nahm und was er sich davon versprach, mich durch sämtliche RTL- und SAT.1-Regionalstudios zu ziehen, habe ich schon seinerzeit nicht hinterfragt und kann auch an dieser Stelle nicht geklärt werden. Die Redakteure und Moderatorinnen, die mich interviewten, behandelten mich wie das, was ich für sie war: ein Exot aus dem fernen Osten.

In Talkshows und Magazinsendungen versuchte ich das Bild des unbedarften Ossis aus Russlands westlichster Kolonie zurechtzurücken und hoffte nebenbei aufs Knüpfen von guten Kontakten. Unglaublich, was mir in der westdeutschen Provinz an Vorurteilen und Unwissenheit begegnete. Endlich verstand ich, weshalb im typischen Westpaket neben Schokolade und Apfelsinen auch immer ein Stück Seife steckte. Auf unseren Promotion- und Vorzeigetouren in Wessiland habe ich auch einmal an einem Casting für die Moderation einer Jugendsendung im SWR teilgenommen. Eine ganz ungewohnte Situation für mich, denn für eine Sendung gecastet zu werden, war mir bislang nur einmal am Anfang meiner Laufbahn passiert. Seit ich aber weiß, dass selbst Hollywoodstars zu einem Casting gehen, bevor sie besetzt werden (oder nicht), halte ich das auch nicht für ehrenrührig. Beim SWR hatten sie an diesem Nachmittag andere Vorstellungen von einem jugendlichen Moderator, und da alles sehr fair ablief, nahm ich es als Lehrstunde gern in meinen Erfahrungsschatz auf.

Es war schwierig, auf der Spur des Neuen zu wandeln und gleichzeitig meine bestehende Ordnung nicht zu gefährden. Für nichts in der Welt wäre ich drübengeblieben und hätte Frau und Kinder zurückgelassen, wie es einige meiner Kollegen praktiziert haben. Absurd. Gleichsam wie auf einer Expedition mit offenem Ausgang lotete ich an der Seite meines westdeutschen Impresarios das fremde Terrain aus und erweiterte meinen geografischen und geistigen Horizont, immer mein Rückzugsgebiet in der Hinterhand.

Durch Christian Ploppa lernte ich die beiden privaten Rundfunkstationen OK Radio und Radio Hamburg kennen. Für mich als Radiofanatiker war es eine Offenbarung zu erleben, wie dort gedacht und gearbeitet wurde. Ein ganz anderer Spirit als in den dunklen, schall- und innovationsgeschützten Räumen des Funkhauses in der Nalepastraße. Selbstbewusste Redakteure, die eigene Entscheidungen trafen und dafür sorgten, dass die Idee eines professionellen, fluffigen Programms ständig neu befeuert wurde. Die Moderatoren standen wie DJs an ihren Mischpulten und hatten ihre Sendungen selbst in der Hand. Hier ging alles schnell und easy, klang gut und schien auf beneidenswerte Art unkompliziert. Meine Begeisterung für das Medium Privatradio war geweckt. Voller Tatendrang sog ich den Duft dieser großen weiten Welt ein und schmuggelte ihn zusammen mit einigen Videokassetten und Zeitschriften über die Grenze. Mir war es tatsächlich gelungen, einiges von der Energie und dem positiven Enthusiasmus, den ich im Westen erlebt hatte, in meinen ostdeutschen Alltag zu transferieren. Wie ich feststellen musste, schützt das nicht vor Rückschlägen, aber es macht sie erträglicher.

Da, wie bereits berichtet, mein geplanter Aufstieg ins Abendprogramm des DDR-Fernsehens mit »Karney & Co.« eher den Effekt einer Platzpatrone hatte und es das

DDR-Fernsehen in der Form und vor allem mit seinen alten Redaktionsstrukturen nicht mehr gab, war die Zeit reif, den Schalter umzulegen und die nächste Stufe zu zünden. In einem privaten Joint Venture produzierte ich mit Christian aus Hamburg meine eigene TV-Show.

Nick Kamen »I Promised Myself« (1990)
Dusty Springfield »In Private« (1989)
Madonna »Vogue« (1990)

»Music-Boxer«

Nicht nur dabei, sondern mittendrin beim Niedergang, bei der Abwicklung und sogar bei der Entsorgung des DDR-Fernsehens. In diesem historischen Umfeld holte ich 1990 tatsächlich noch einen Quotensieg.

Nach dem Aus von »Karney & Co.« saß ich mit Christian Ploppa in einem Hamburger *Block House*-Restaurant, um über meine weitere TV-Präsenz zu konferieren. Bei einem deftigen Steak hatten wir in einer Pingpong-Diskussion, in der ein Gedanke vom vorherigen angestoßen wird, schnell einen Plan für eine neue Fernsehsendung, auf die die Welt wartete. Unsere Idee war ganz simpel, das Konzept ließ sich in wenigen Sätzen zusammenfassen. Das ist für die Akzeptanz einer Unterhaltungssendung enorm wichtig. Lange Spielregeln ermüden den Zuschauer und da die Fernbedienung immer in Reichweite liegt, muss es Schlag auf Schlag gehen, das war schon 1990 so.

Wir machten mit der Musik, dem Zeitgefühl und den Ereignissen der Jugendjahre unserer Zuschauer ein Quiz und luden als Zeitzeugen die Idole von damals zu einem Plausch ein. Die Stars von früher sangen natürlich auch ihre Hits. Das Studio wurde zu einem Wohnzimmer wie in den Sechzigern, Siebzigern oder Achtzigern und mitten hinein stellten wir eine Musikbox, die lieferte den Sound der Erinnerung. Begeistertes Publikum puschte die Stimmung der Akteure und unter den Zuschauern. Fertig. Jetzt musste nur noch ein Sender gefunden werden, der unsere Show ausstrahlte.

Aus dem Fernsehen der DDR war wieder der Deutsche Fernsehfunk (DFF) geworden und wartete auf seine Abwicklung. Obwohl die Mehrzahl der Mitarbeiter in allen Unterhaltungsredaktionen verständlicherweise intensive Vorkehrungen für ihre persönliche Zukunft traf, wurde der Sendebetrieb ohne qualitative Abstriche aufrechterhalten. Da sah ich unsere Chance und wir wurden bei Evelyn Matt vorstellig. Uns gelang es tatsächlich, von ihr, der hohen Instanz der Fernsehunterhaltung, Zuspruch zu bekommen. Frau Matt fand unsere *Block House*-Idee *well done* oder mit ihren Worten: »Gar nicht so dumm.«

Auch mein ehemaliger Redaktionsleiter unterstützte uns nach Kräften und so verkauften wir im ersten Schritt drei Folgen der Sendung, die wir »Music-Boxer« nannten, an den DFF. Wir konnten ohne jegliche redaktionelle Einmischung extern produzieren und lieferten ein fertiges Band zum Senden, ein Megadeal. Vor Monaten noch undenkbar, jetzt das Paradies auf Erden für mich. Die Früchte der Erkenntnis, wie das Hauen und Stechen in dieser Branche abläuft, waren noch nicht gepflückt, und so stürzten wir uns unschuldig und gottesfürchtig ins TV-Geschäft. Unser

Spielplatz war ein ehemaliger Tanzschuppen in Hamburg, der *Fürstenhof*, den wir zunächst zu einem vorzeigbaren Studio umbauen mussten. Beim aufwendigen und kostenintensiven Einbau der Fernsehtechnik und Beleuchtung stellten wir fest, dass das gesamte Interieur für helles Licht nicht geeignet war, und wir renovierten den ganzen Laden. Nachdem die alten Sitzmöbel aufgearbeitet worden waren, stellte der Betreiber des *Fürstenhofes* fest: »Ach, die sind gelb?«

Neben den Helden meiner frühen Teenagerzeit wie Dave Dee oder Bill Ramsey, die auftraten und die ich interviewte, traf ich auch meine Teenagerliebe Uschi Nerke, die Moderatorin des »Beat-Club«. Sie war sehr freundlich und wir haben uns prima unterhalten, aber ich war halt nicht mehr verknallt in sie. Ein Highlight dieser Sendung war die Rubrik »Neulich im Altersheim«. Die Maskenbildner schminkten mitwirkende Künstler auf uralt und zur Musik von Freddy Quinns »Vergangen, vergessen, vorüber« ließen wir sie auferstehen. Mit Vergnügen erinnere ich mich an den verzweifelten Ausruf einer Maskenbildnerin, die Thomas Anders auf alt schminken sollte: »Ich kann machen, was ich will, der wird nie älter aussehen.«

Der noch fast unbekannte Ingo Appelt spielte einen vertrottelten Störenfried, der damals schon seine Witze immer auf Kosten Anwesender machte. Dass er das Zeug zu einem beliebten und gefürchteten Comedystar hatte, zeichnete sich bereits ab.

Unsere Sendung war originell und unterhaltsam, aber wie würde sie bei den Zuschauern ankommen? Zu DDR-Zeiten hatte niemals jemand über Einschaltquoten gesprochen, geschweige denn waren Zahlen genannt worden. Das änderte sich genau in der Phase, als wir mit unserem 28-Minuten-Format »Music-Boxer« am Start waren. Im DFF gab es erstmals Quoten und wir hatten die besten. Unsere kleine, aber feine Sendung hatte zu unserer großen Freude ihre Fans gefunden.

Da wir gerade so schön im Flow waren, konnte uns das Ende des DFF nicht aufhalten. Unser Weg führte nach Leipzig. Beim neugegründeten MDR lagen die originellen zukunftsweisenden Sendungen auch nicht auf Halde, und so gingen wir mit unserer Superquote hausieren und konnten weitere sechs Folgen »Music-Boxer« mit dem MDR vereinbaren. Um mit den neuen Konditionen die Spanne zwischen Einnahmen und Ausgaben mehr zu unseren Gunsten zu gestalten, mussten wir uns dringend etwas einfallen lassen. Hamburg als Produktionsort war zu teuer. Die günstigsten Studios fanden wir in Berlin, also zogen wir auf das alte DDR-Fernsehgelände, wo die Demontage alter Studiokomplexe in vollem Gange war. Ironie des Schicksals: Wir mieteten genau das Studio, in dem ich als Jungspund zum allerersten Mal vor einer Fernsehkamera gestanden hatte, um für eine Kindersendung gecastet zu werden.

Eine skurrile Situation: Während wir ganz normal probten und aufzeichneten, wurde über uns und direkt neben unserem Studio alles ausgebaut und abgerissen, was nach DDR roch oder aussah. Es war der Gebäudekomplex, in dem sowohl die »Aktuelle Kamera« als auch der »Schwarze Kanal« produziert worden waren. Ständig landete altes Mobiliar vor unserer Tür oder es flogen russische Farbfernseher auf einen großen Haufen Elektroschrott. Den Kollegen der »Aktuellen Kamera« wurde offensichtlich der Stuhl unter dem Hintern weggezerrt, obwohl sie noch sendeten.

Davon merkten die Bay City Rollers, Drafi Deutscher, Tom Astor und wie sie alle hießen nichts. Wir plauderten über alte Zeiten und spielten dazu Schwarzweißfilme mit historischen Ereignissen ein. Das waren sowohl Werbespots von »Tausend Tele-Tips« als auch Szenen des legendären Waldbühnenkonzertes der Rolling Stones. Diese Beiträge mussten wir als freie Produzenten vom Saarländischen Rundfunk kaufen, denn sie waren Eigentum der ARD. Um dieses Material schnell von Saarbrücken nach Berlin zu transportieren, war übrigens die eine oder andere Flasche Moët & Chandon nötig. Als beim MDR die Nachwendezeit endete und die Kameras Richtung Zukunft umschwenkten, konnten wir mit den Angeboten anderer Produzenten nicht mithalten. Aus »Music-Boxer« wurde eine ähnliche Sendung ohne Quiz und ohne mich, aber mit unserer Erkennungsmusik. Unter dem Titel »Damals war's« lief diese Show viele Jahre mit Hartmut Schulze-Gerlach.

Dave Dee »Bend It« (1966)
Bay City Rollers »Bye, Bye, Baby« (1975)
Drafi Deutscher »Guardian Angel« (1983)

Zander, Appelt und der Papst

Nach den politischen Veränderungen vom Herbst 1989 war, wie wir uns alle erinnern, bei weitem nicht alles geregelt zwischen Elbsandsteingebirge und Kap Arkona. Auch in den historischen, endlos langen Fluren des Funkhauses in der Berliner Nalepastraße, wo alle überregionalen DDR-Radiosender ihre Redaktionen und Sendestudios hatten, wurde der Journalismus neu definiert.

In meiner Wahrnehmung wurde die errungene Gedanken- und Handlungsfreiheit von den unterschiedlichen Redakteuren sehr individuell ausgelegt und geschickt praktiziert. So gab es aus meiner Sicht die einen, die es als Befreiungsschlag empfanden, dass Gängelei, Agitation und Propaganda nicht mehr an der Tagesordnung waren. Mit aufgestautem Eifer folgten sie den publizistischen Grundsätzen, objektiv und wertungsfrei zu berichten. Durch investigative und engagierte DDR-Journalisten entstanden zahlreiche Beiträge und Sendungen, die von professioneller Leidenschaft gleich zu Beginn der neuen Zeitrechnung zeugen. Gleichzeitig konnten manche Redakteure den Verlockungen des Kapitalismus nicht widerstehen. Sie bildeten die Fraktion der Schnäppchenjäger, deren Beiträge und Sendungen mit Werbung gespickt waren. Berichterstattung mit Produktunterstützung zum persönlichen Vorteil. Exklusive Reisen oder das neueste Auto zu fahren und darüber zu berichten waren in passenden oder passend gemachten Magazinsendungen an der Tagesordnung.

Auch für mich als freien Mitarbeiter eröffneten sich ungeahnte Möglichkeiten, allerdings hatte ich nicht den kommerziellen Nutzen im Sinn. Meine Ambitionen waren inhaltlicher Natur, ich nutzte die ohnehin bröckelnden Strukturen aus, um abzuklopfen, wie weit ich zu gehen in der Lage bin und wo meine intellektuellen Grenzen sind. So schummelte ich neben »Jürgens Radio Show« am Sonntag und den Talkshows im Nachtprogramm noch eine weitere Sendung mit fast (!) kabarettistischem Anspruch ins Programm des Berliner Rundfunks. Sie hieß »Das Letzte«. Unter dem Radar der verbliebenen leitenden Redakteure lästerte und blödelte ich mich gemeinsam mit meinen Gästen Frank Zander, dessen »Ururenkel von Frankenstein« zu den Hits meiner

Jugend zählte, und Ingo Appelt, mit dem ich in »Music-Boxer« zusammengearbeitet hatte, durch die politischen und gesellschaftlichen Ereignisse der Woche. Der Jung-Comedian erheiterte uns damals mit frechen Texten und indem er die Stimmen von Udo Lindenberg und Marcel Reich-Ranicki und den Papst imitierte.

Wie ich feststellte, konnte ich diesem selbstauferlegten kabarettistischen Anspruch auf Dauer nicht gerecht werden und beschloss, in meinem Metier, der Unterhaltung, zu bleiben.

Depeche Mode »Enjoy the Silence« (1990)
Keimzeit »Kling Klang« (1993)
Westernhagen »Weil ich dich liebe« (1989)

Alles ist möglich

In den Monaten vor der sich anbahnenden Wiedervereinigung und der im Einigungsvertrag beschlossenen und endgültigen Abwicklung des Fernsehens und Radios der DDR hielt ich es für das Gebot der Stunde, mich auszuprobieren, mich gegebenenfalls neu zu definieren und Weichen für die Zukunft zu stellen. Was für mich zu keinem Zeitpunkt in Frage kam, war der Wechsel in eine andere Branche, also habe ich das Handwerk des Radiomoderators und -Reporters intensiv ausgelotet und war exzessiv *Auf Sendung!*.

Es fügte sich, dass ich bei Antenne Brandenburg in Potsdam einen Fuß in die Tür stellen konnte, obwohl ich beim alten Berliner Rundfunk noch meine Radioshow hatte. Praktisch bin ich also beim letzten Song meiner Sendung in der Nalepastraße mit dem Auto nach Potsdam in die Puschkinallee gerauscht und habe am Abend dort gleich weitergesendet. Es herrschte in diesen Monaten nicht Anarchie, aber ein gewisses Vakuum, das kreativ gefüllt werden musste, und ich gab mich halt gern dafür her. Als das im gegenseitigen Einvernehmen nicht weitergehen konnte, verlegte ich mein Betätigungsfeld an die Ostseeküste.

Einige schöne Monate sendete ich aus Rostock bei der dortigen Ferienwelle und versüßte meinen geliebten Nordlichtern das Wochenende. Ein Geschenk, denn auch hier konnte ich mich wie wild austoben. Während der damalige Chef der Ferienwelle seinen Posten beim NDR offensichtlich schon in der Tasche hatte, ermunterte er mich zur Radio-Piraterie und ich nutzte sein Wohlwollen reichlich aus. Heute unvorstellbar, feuerte ich in meinen Shows zum Beispiel die Jingles von den ehemaligen Piratensendern Radio Caroline und Radio London aus den siebziger Jahren ab, dass es ein Jauchzen war. Einer der damals schon beliebten Moderatoren und Radiospaßmacher im Norden ist Leif Tennemann, der oft an den Wochenenden durch die leeren Flure schlich. Während ich an Interviews mit allen möglichen Promis herumschnitt, bereitete er seine genialen Telefonspäße vor. Wir belauerten uns, es war wie an der roten Ampel, wenn jeder auf das grüne Licht wartet, um schnell Gas zu geben, wenn die Ampel umschaltet. Wettbewerb unter Moderatoren ist keine Seltenheit und stets der Quell qualitätsvoller Eingebungen. Tennemann war der Vorreiter, denn heute gehört es in allen Sendegebieten zur Tagesordnung, Hörern Telefonstreiche zu spielen.

Gleich um die Ecke in Warnemünde erlebte ich eine meiner ausgelassensten Radiozeiten. Die erste Hanse Sail, eine Zusammenkunft von Traditions- und Museumsschiffen und eine Art maritimes Volksfest, zog zigtausend Gäste nach Warnemünde. Wir sendeten live von einem Schiff direkt an der Fähre von Warnemünde nach Hohe Düne. Bei strahlendem Sonnenschein auf einem Boot, umgeben von Hunderten Segelbooten eine Live-Radioshow moderieren – das war für mich wie Mentos-Kaubonbons in eine Cola-Flasche werfen. Als freier Mitarbeiter bekam ich für jeden gesendeten Beitrag ein Honorar von hundertzwanzig DM. Diese einfache Rechnung verstand selbst ich: mehr Beiträge, mehr Honorar. Seitdem kann mir niemand erzählen, dass Themen für interessante Beiträge nicht auf der Straße liegen. Vom Buddelschiffbauer bis zum Makreleneinleger, vom Reepschläger bis zum Segelschiff-Kapitän – ich habe sie alle vorm Mikrofon gehabt. Live-Reportagen aus dem Bundeswehr-Hubschrauber über Warnemünde, vom Lotsenboot auf der Ostsee, vom Fischbrötchenstand am Alten Strom. Hätte der Tag achtundvierzig Stunden gehabt, ich hätte auch diese Zeit mit Beiträgen gefüllt.

Es war eine wilde Pionierzeit, die allerdings nicht nur beruflich sehr ereignisreich war, sondern auch im privaten den ganzen Ehemann, Vater und Versorger der Familie forderte. Zu Hause in Berlin-Rahnsdorf stand mahnend ein unvollendetes Haus und die Familie brauchte schlichtweg ein Dach über dem Kopf. Unser Heim hatte sich als stärker sanierungsbedürftig erwiesen, als zunächst angenommen, und war mittlerweile fast bis auf die Grundmauern abgerissen und danach Stein für Stein wieder aufgebaut worden. Die Bauarbeiten zogen sich in die Länge. Wie alle anderen Häuslebauer war auch ich neben meiner eigentlichen Arbeit ständig damit beschäftigt, Zement, Steine, Wasserrohre usw. zu besorgen. Während wir noch im heißen Fluchtsommer zwischenzeitlich provisorisch in einem Gartenhaus von Peter Meyer von den Puhdys gewohnt hatten, waren wir ab 1990 in einem Haus von Nachbarn, die über Ungarn in den Westen gegangen waren, untergekommen. Sinnbildlich für meine damalige Situation stand unser unvollendeter Rohbau mahnend auf der Baustelle. Es galt Aufbauarbeit in jeder Hinsicht zu leisten.

Auf der Suche nach zukunftsorientierten Ideen schlugen Ralf Bursy und seine Frau vor, einen privaten Radiosender zu gründen. Ralf hatte Investoren an der Hand, die gern in neue Medien investiert hätten. Im allgemeinen Durcheinander der Nachwendezeit war vieles möglich, aber das stellte sich als nicht durchführbares Unterfangen heraus. Man konnte alte Kopierer im Westen kaufen und im Wohnzimmer eine Kopierstube eröffnen, es war möglich, sich am boomenden Autohandel zu beteiligen oder eine Anzeigenzeitung mit pseudoinformativen Leitartikeln zu gründen, aber Zugang zu elektronischen Medien anzumelden, schoss über das Ziel hinaus.

Die Idee ließ mich trotzdem nicht los. So stellte ich mir die Frage: Warum nicht den bereits bestehenden Berliner Rundfunk privatisieren? Der Fahrplan für sein Ende war geschrieben, aber in Kindertagen war ich Pioniereisenbahner in der Berliner Wuhlheide gewesen, also wusste ich, an der Strecke gibt es immer wieder Weichen, die man umlegen konnte. Der Zug war noch nicht abgefahren.

New Kids on the Block »Step by Step« (1990)
Vanilla Ice »Ice Ice Baby« (1990)
Achim Reichel »Aloha Heja He« (1991)

Wer die Wahl hat …

1990 hatte Deutschland die Wahl, wir im Osten sogar gleich zweimal. Zunächst im Frühling, da brauchte die DDR eine neue Volkskammer, die gewählt werden wollte, und kurz vor Jahresende waren reguläre Bundestagswahlen.

Dazwischen gab es eine schnelle Wiedervereinigung, so dass wir als Neubundesbürger im Dezember zum zweiten Mal zur Wahlurne gebeten wurden, um unsere Stimme für den Bundestag abzugeben. Mein persönlicher Integrationsbeauftragter Christian Ploppa, der mich schon sukzessive auf die Marktwirtschaft vorbereitet hatte, führte mich zu Beginn dieses Wahljahres auch in das Mehrparteiensystem ein. Er tat dies aus sozialdemokratischer Sicht, daher nicht ganz objektiv, aber überzeugend und mit dem Ziel, mich als Stimmenfänger für seinen Kanzlerkandidaten auf dessen Wahlkampftour zu gewinnen.

Da ich Helmut Kohls Versprechungen von blühenden Landschaften zum Schnäppchenpreis eher skeptisch einschätzte, tendierte ich stark dazu, den Argumenten Oskar Lafontaines zu folgen. Der beurteilte unverblümt die Finanzierung der deutschen Einheit als weitaus teureren und längerfristigen Prozess als sein Widersacher der CDU. Der Ausgang dieser Wahl ist bekannt, aber kampflos hatte sich Oskar nicht ergeben, und ich war dabei gewesen.

Die »Stimmen für Oskar«-Tour war eine große Produktion mit riesigem Ton- und Lichtequipment, mit viel Rock- und Popmusik, um den SPD-Politstar publikumswirksam einzubetten. Wir machten Station unter anderem in Erfurt, Magdeburg, Schwerin, Hannover. Gemeinsam mit dem deutsch-amerikanischen Moderator Ron Williams führte ich durch die Show. Neben der Band Laid Back, die mit »Bakerman« einen Charthit hatte, war der Top Act die Gruppe The Kinks, die mit »Lola« und »Waterloo Sunset« schon zur Avantgarde der britischen Beatmusik zählte, als ich noch mit einem Mikki 2 unter der Bettdecke »Schlager der Woche« gehört hatte. Leider wurden sie nicht nur für mich zu einer großen Enttäuschung in menschlicher wie auch in künstlerischer Hinsicht. Die Köpfe der Band, Ray und Dave Davies, hatten sich ständig in der Wolle und trugen ihren Zwist auf den Nerven aller Beteiligten aus. Sie nahmen Kleinigkeiten zum Anlass für Streit und vergifteten so die Atmosphäre und drückten die Stimmung aller. Neben anderem unnötigen Personal hatten die Musikerbrüder eine Wäschefrau in ihrem Tross. Wegen eines alten, durchgeschwitzten T-Shirts, das irgendwie im Backstage-Bereich abhandengekommen war, zeterte die arme Frau, als ginge es um ihr Leben, denn sie kannte die Wutausbrüche ihrer Chefs.

Letzten Endes musste unser Rechtsanwalt der Band mit Ausschluss aus dem Programm drohen. In diesem Fall wäre es sehr teuer für die Streithähne geworden. Die Spannung unter den Musikern entlud sich auf der Bühne. The Kinks spielten bei ihren Konzerten das rockigste Zeug und machten jede Erinnerung an ihre Hits zunichte.

Ganz anders Angelo Branduardi, der italienische Barde der feinen und leisen Töne. Er konnte keinen Soundcheck machen, solange sich irgendwer, selbst flüsternd, im Bühnenbereich aufhielt. Das konnten wir noch beeinflussen, aber das Erfurter Publikum war weniger verständnisvoll und das Konzert des sensiblen Angelo ging fast im Geräuschpegel der Massen vor der Bühne unter.

Auch der Star des Abends hatte es nicht leicht. Die Erfurter begrüßten Oskar Lafontaine mit einem zehnminütigen Pfeifkonzert. Das hat er cool ausgehalten und dann sinngemäß gesagt, dass er auch gehe, wenn es gewünscht sei, aber bitte erst, nachdem er einige seiner Ideen zum weiteren Verlauf der Einheit dargelegt habe. Daraufhin setzten sich diejenigen, die ihn hören wollten, durch und er hielt eine kurze Ansprache. Nach nicht einmal zehn Minuten hatte er es tatsächlich geschafft zu überzeugen. Unter tosendem Applaus und Standing Ovations verließ er die Halle. Die Wahl verlor er trotzdem.

The Kinks »Lola« (1970)
Angelo Branduardi »La Luna« (1975)
Laid Back »Bakerman« (1989)

Endspurt

Im Windschatten der rasanten Wiedervereinigung wurde in der Nalepastraße deutsche Radiogeschichte geschrieben. Für eine auf Vollständigkeit angelegte wissenschaftliche Abhandlung der Geschehnisse bin ich der Falsche, aber eine kurze Zeitreise in den Mikrokosmos des ältesten deutschen Radiosenders, des Berliner Rundfunks, der Jahrzehnte als Staatsfunk diente und der seine Metamorphose zu einem erfolgreichen Medienunternehmen im wiedervereinten Deutschland erlebte, können wir gemeinsam unternehmen.

Im Jahr vor der endgültigen Abwicklung der DDR-Medien, die zum 31. Dezember 1991 festgelegt war, setzte bei den Mitarbeitern des Berliner Rundfunks eine lethargische Endzeitstimmung ein. Nach meinem Geschmack gefielen sich zu viele Redakteure und auch Techniker in der trotzigen Opferrolle. Das lähmte sie natürlich und sie kamen nicht auf das Naheliegende, nämlich die Dinge selbst in die Hand zu nehmen, statt wie das Karnickel aufs Schlachten zu warten. Viele hofften auf ein Wunder, während andere sofort aktiv wurden und sich bei den neuen Sendern wie MDR oder ORB bewarben, die als öffentlich-rechtliche Anstalten ihren Schatten vorauswarfen und Personal benötigten.

Da die Ordnung meines Lebens nicht Festanstellung mit eigenem Schreibtisch, Anspruch auf Urlaub und Mittagspause mit preisgestützter Kohlroulade vorsah, war ich in Gedanken frei und unbefangen und sah Veränderungen immer erst mal aufgeschlossen entgegen. Aus diesem Grund führte mich mein Weg zum wiederholten Mal in das Büro mit dem langen Gang entlang des großen Sitzungstisches zum Schreibtisch des Direktors. Der Intendant war bereits gegangen worden und an der Stelle, wo Erich Honeckers Konterfei noch vor kurzem gehangen hatte, sah man nur noch einen hellen rechteckigen Fleck auf dem Holzpaneel. Jürgen Itzfeldt, ein SPD-Mann, führte bis zur endgültigen Schließung die »Einrichtung«, so die offizielle Bezeichnung des Rundfunkbetriebes.

Aus diesem »Jürgen & Jürgen«-Gespräch heraus bildeten wir ein entschlossenes zwei Mann starkes A-Team, das sich auf eine mehrere Monate dauernde Odyssee durch den Westen Deutschlands begab. Wir zogen aufrecht und mutig dem Kapital entgegen mit dem Ziel, den ältesten Radiosender Deutschlands als privaten Rundfunk weiterzuführen und damit auch eine größtmögliche Zahl an Arbeitsplätzen zu sichern. Diesen Aspekt mahnte Jürgen Itzfeldt vom ersten Zusammentreffen in seinem Büro bis zur letzten Sekunde vor der endgültigen Lizensierung stets an. Unserer Überzeugung nach war das ein historischer Auftrag. Wer hier einsteigt, so unsere Auffassung, tätige eine gute Investition, die sich nicht nur finanziell, sondern auch medienpolitisch auszahlen würde.

Tatsächlich entwickelte sich Berlin-Brandenburg rasant zum am härtesten umkämpften Radiomarkt Europas. Zum Zeitpunkt unserer Akquise-Tour war das allerdings noch nicht abzusehen. Aus heutiger Sicht umweltmäßig eine Katastrophe, flogen Itzfeldt und ich jede deutsche Großstadt an, um mit interessierten Gesprächspartnern mögliche Beteiligungen auszuloten. Wir trafen unter anderen Frank Otto, einen Medienunternehmer aus Hamburg, den wir nicht überzeugen konnten, er blieb skeptisch bei dem Gedanken an Ossis als Privatfunker. Dabei hätte ich gern von seinen Erfahrungen profitiert, denn mit OK Radio hatte er in Hamburg einen erfolgreichen kommerziellen Sender am Start. Jahre später gestand er mir gegenüber ein, dass er leichtfertig und zu schnell abgesagt hatte, was ihn ärgerte. Die beiden Musical-Produzenten Friedrich und Bernhard Kurz, die gerade mit *Cats* in Deutschland Furore machten, wollten sich nicht auf unbekanntes Terrain begeben und sagten ebenfalls ab. Bernhard Kurz hat übrigens die international ausgezeichnete Doppelgängershow *Stars in Concert* in Berlin etabliert und mir bei meinem Kindermusical *Bennets Abenteuer beginnt* sehr geholfen. Auch er wäre heute sicher gern Gesellschafter des Berliner Rundfunks.

Jürgen Itzfeldt reagierte sehr besonnen und klug und verhinderte zum Beispiel so, dass der italienische Berlusconi-Konzern beim Berliner Rundfunk einstieg. »Ische mache dir eine Angebot, das du nischte ablehnen kannst.« Damit wäre der soziale Aspekt des Unterfangens auf der Strecke geblieben. Die italienische Offerte allerdings rief einige deutsche Medienunternehmen auf den Plan, die sich nun intensiv mit dem Thema Berliner Rundfunk beschäftigten.

Wir ließen einstweilen unseren ernstgemeinten Absichten auch erste konspirative Aktionen folgen, die ich nicht alle guthieß, aber Itzfeldt war der Boss. So lud er im Spätherbst 1991 ein Dutzend handverlesener Redakteure zu nachtschlafender Zeit in das Hotel *Berolina* ein. Nach unserer Einschätzung konnte dieses geheime Dutzend die stabile Säule einer zukünftigen Redaktion sein und es wurde bei Nacht und Nebel in unsere Pläne eingeweiht. Wir stellten das fiktive vorläufige Programm vor und besprachen das weitere Szenario. Ein Treffen der Radioagenten, das natürlich nicht geheim blieb. Im Nachhinein machten Gerüchte die Runde und die Verunsicherung der Belegschaft wurde noch größer.

Simply Red »Something Got Me Started« (1991)
Cher »The Shoop Shoop Song« (1990)
Bryan Adams »(Everything I Do) I Do It for You« (1991)

Countdown läuft im *Domhotel*

Eines schönen Tages im Herbst 1991 saß ich im Berliner *Domhotel* an einem großen runden Tisch gemeinsam mit Vertretern von Bertelsmann, Burda, Holtzbrinck und Dumont. Unter ihnen auch der Medienmanager Dr. Claudio Funke aus Kassel, der für die *Frankfurter Allgemeine Zeitung* an diesem »Kaffeekränzchen« teilnahm. Im Ergebnis dieser Besprechung sollte der Kuchen aufgeteilt werden, denn die finale Phase der Gründung einer Rundfunk-Betriebsgesellschaft hatte begonnen. Einige sicherten sich ein kräftiges Stück vom zukünftigen Unternehmen, anderen fehlte es an unternehmerischer Vision und Vertrauen in den ostdeutschen Willen zum Neubeginn.

Zu Dr. Funke, der die Gesprächsführung schnell übernahm, stellte sich von Beginn an eine gewisse Vertrautheit ein. Er erfasste mich sehr genau, beobachtete meine Reaktionen und erwartete oft, dass ich mich zu den Themen, die erörtert wurden, äußerte. Er signalisierte das mit einem aufmunternden Nicken in meine Richtung oder er sagte einfach den anderen: »Dazu kann Karney etwas sagen.« Druck. Das fiel mir zu Beginn der Gespräche nicht leicht, denn Erlösstrukturen, Reichweitenentwicklungen und Home-Market waren Begriffe, die nicht in meinem Vokabelheft standen.

Bei den Gesprächen konnte mir nicht entgehen, dass Dr. Funke eine Hauptrolle in der zukünftigen Führungsspitze zu vergeben hatte und ich war im Casting. Meine Chancen für den Recall waren gut, denn Dr. Funke kannte den Osten. Er verkehrte mit Künstlern wie Barbara Thalheim und Manfred Krug persönlich und kannte auch meine Biografie. Er las DDR-Literatur, ihm waren die ostdeutsche Mentalität und Denkweise nicht fremd. Den Begriff »Home-Market« hörte ich zum ersten Mal von ihm, während seiner Zeit als Geschäftsführer war das unser Leitwort. Es meint die regionale Heimat der meisten unserer Hörer, also Ostberlin und Brandenburg. Irgendwie passte das zwischen uns und tatsächlich wurden Claudio Funke und ich später Brüder im Geiste und sind es bis heute.

Die Eigendynamik der Geschehnisse und die Entwicklung im Gesellschafterkreis nahmen schnell an Tempo auf, und Jürgen Itzfeldt, der Mann, der die ersten Schritte für diesen in Deutschland einmaligen Vorgang gegangen war, wurde mehr und mehr ins Abseits gedrängt. Als Verwaltungsdirektor blieb er später noch einige Zeit im Sender, und als Ruhepol und geduldiger Ratgeber für den einen oder anderen Kollegen, bevor er nach Brandenburg zur SPD-Landesregierung ging und Pressesprecher wurde.

Als der Zeitpunkt näher kam, ein tragfähiges Konzept für den Lizenzantrag des Berliner Rundfunks zu erarbeiten, begann in der Nalepastraße unaufhaltsam der Abgesang. Quasi die letzte Sendung in Hörweite schaufelte der alte Paternoster die Mitarbeiter zu ihren Arbeitsplätzen, die sie bald für immer verlassen sollten. Während in der Wirtschaft die Treuhand für Tabula rasa stand, wurde in den Medien der Name Rudolf Mühlfenzl zum Oberbegriff für alles, was mit endgültigem Aus zu tun hat.

Jimmy Somerville »To Love Somebody« (1990)
Roxette »Spending My Time« (1991)
Die Fantastischen Vier »Die da!?!« (1992)

Die richtige Antwort lautet: Merkel

Meine Rolle bei dem Ganzen hatte sich spätestens seit dem Treffen im Hotel *Berolina* herumgesprochen, und so blieb es nicht aus, dass einige Mitarbeiter die ganze Abwicklungsmisere und ihr persönliches Schicksal weder auf Mühlfenzl noch auf die Volkskammer (welche ja die Auflösung der

Medien beschlossen hatte), sondern auf Jürgen Itzfeldt und mich projizierten. Das ist rational nicht erklärbar, in diesen Momenten der Ohnmacht aber nachvollziehbar.

Als zwei Wochen vor endgültiger Beendigung des Sendebetriebes die Sendelizenz für die Neue Berliner Rundfunk GmbH erteilt wurde, entwickelte sich eine tragische Dynamik. Das Unternehmen konnte und musste jetzt neues Personal einstellen. Erklärtes Ziel war es, so viele ehemalige Mitarbeiter wie möglich zu übernehmen. Unsere Gesellschafter wollten und konnten aber bei weitem nicht jeden Bewerber beschäftigen. Jürgen Itzfeldt und ich erhielten Schmäh-, Droh- und Bettelbriefe, in denen versucht wurde, die Personalentscheidungen zu beeinflussen. Die Rechtmäßigkeit des Geschehens wurde in Zweifel gestellt, es kam sogar die moralisch-ethische Frage nach der Schuld auf, weshalb der eine Kollege und nicht die andere Kollegin übernommen worden ist. Vertrauliche Gespräche über Vorabsprachen, angeblich gegebene Zusagen wurden kolportiert, es ging bis hin zur Denunziation. Ein wirkliches Drama, das für mich eine völlig neue Erfahrung war und einen dunklen Schatten auf die Zukunft warf, bevor sie begonnen hatte.

Über die an einem Wochenende Mitte Dezember 1991 mit allen Bewerbern durchgeführten Vorstellungsgespräche habe ich im Nachhinein abenteuerliche Berichte und sehr unterschiedliche Meinungen gehört. Manche sprachen von Willkür und Verhör, andere von zielführenden, respektvollen Gesprächen.

Von dem Moment, als die Lizenzvergabe beschlossen war, begann ich im Hintergrund an der praktischen Durchführung des Sendebetriebes zu arbeiten. Sendestruktur, Musikauswahl, Dienstpläne, Nachrichtenzulieferung, Verträge mit Nachrichtenagenturen, Verkehrsmeldungen, Anmie-

Im neuen Studio in der Leipziger Straße. Autogrammkarte des Berliner Rundfunks (1993)

Zu DDR-Zeiten war der Fernsehstar so bekannt wie sein Freund „Lippi“. Jetzt ist der 37jährige „Vorzeige-Ossi“ Radiomacher in Berlin

Von morgens fünf Uhr bis um neun ist „Schrippen“-Jürgen der Muntermacher von Berlin. Anschließend mimt er den seriösen Programmchef im Büro.

JÜRGEN KARNEY

Die Leute sollen nicht jammern, sondern sich bewegen

Mit seiner fröhlichen „Schrippen-Show“ bringt der quirlige Schnauzbartträger die Hörer des Berliner Rundfunks jeden Morgen ab fünf Uhr auf Trab. Da heißt es für Ex-Fernsehstar Jürgen Karney („Meine Show“) um 3.30 Uhr aufstehen („da gibt's noch gar keine Schrippen“), und dann beginnt ein 16-Stunden-Arbeitstag. Der Ostberliner ist nicht nur Moderator, sondern auch stellvertretender Programmdirektor und Unterhaltungschef des Senders.

Wenn um neun Uhr die Frühstückssendung endet, wechselt Jürgen Karney vom Studio ins Büro und fängt mit seinen beiden anderen Jobs an. „Stressig ist das schon, aber ich habe es mir ja selbst ausgesucht“, sagt er. „Ich kann Leute nicht verstehen, die immer nur am Jammern sind. Wir leben in einer Zeit, wo jeder sich bewegen muß. Von nichts kommt nichts.“

Getreu dieser Devise hat der Radiomacher so ganz nebenbei für seine Familie (Ehefrau Elke und zwei Töchter) auch noch ein schönes Haus in Berlin-Rahnsdorf gebaut. „Mit Kelle und Mörtel habe ich Stein für Stein aufeinandergesetzt“, erzählt der Hobbyhandwerker stolz.

Sein zweites Steckenpferd, das Kochen, „kommt bei dem Radiojob allerdings viel zu kurz. Denn ich will ja abends auch noch mit den Kindern spielen. Und meine Frau möchte mich nicht nur sehen, wenn sie mir morgens um vier das Frühstück macht.“

Trotz des langen Arbeitstages bleibt Jürgen Karney immer noch Zeit für neue Ideen. Mit seinem Freund und früheren Partner Wolfgang Lippert arbeitet er gerade an einer Talk-Show für den Bayerischen Rundfunk. „Das wird dann eine ‚Semmel-Show'“, scherzt der Mann von der Spree.

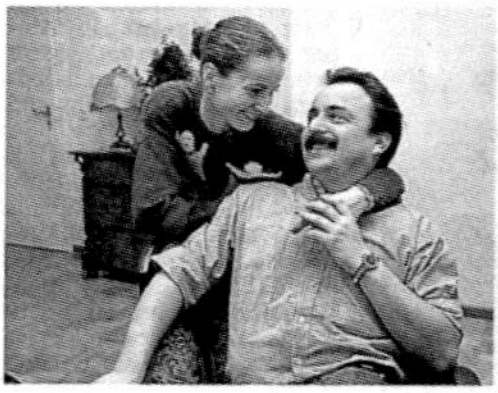

Für seine attraktive Frau Elke hat Multitalent Jürgen Karney leider zuwenig Zeit. Rechts: „Meine beiden Mädchen lieben es, wenn Papa am Wochenende mal den Kochlöffel schwingt“, sagt der Ostberliner.

16 | FRAU IM SPIEGEL

Porträt in *Frau im Spiegel* (1992): »… mimt er den seriösen Programmchef«. Vorsicht bei der Wortwahl!

Neustart einer Senderlegende mit Unterhaltungschef Karney, Programmkoordinator Günther Jauch, Programmdirektor Uwe Frigge (v. l. n. r.)

»Rundfunkreservat« Nalepastraße, aufgerüstet mit Selbstfahrerpult für »Die Schrippenshow« (1992)

Besprechung mit Alfred Biolek für »Karney & Co.« in einer Berliner Eckkneipe (1990). Der Hobbykoch hat das Essen nicht angerührt.

Live-Sendung vom Ü-Boot in Warnemünde während der ersten Hanse Sail (1991)

Üben, üben, üben für die Sendungen im Selbstfahrerstudio. Moderatoren-Training bei Ad Roland in Hilversum (1992)

Säcke voller Post für das neue BB Radio, hier im »Schlafzimmer«-Sendestudio mit den Moderatoren Detlef Olle und Hans Helmig (1996)

Spektakuläre Aktion 1997: Mit dem »eigenen« Heli zu den Fans und Hörern

Gewinn-Coupon vom BB Radio

Live-Reportage aus einem Rennwagen auf dem Lausitzring (1997)

Brandenburgs damaliger Ministerpräsident Manfred Stolpe
(† 2019) zu Besuch im Sender (2000)

Roland Kaiser im IFA- Sommergarten. »Kettenmoderation«: Ich habe Klaus Wowereit angesagt, der hat Roland angesagt … (2011)

Maite Kelly war mehrmals bei uns im Sommergarten-Programm, hier 2011.

Inka Bause und ich mit den sehr gewöhnungsbedürftigen Leningrad Cowboys backstage im IFA-Sommergarten (2010)

Zur Gala »20 Jahre BB Radio« auf dem roten Teppich mit meiner Frau Antje und Udo Walz

Mit Musical-Produzent *(Stars in Concert)* Bernhard Kurz zur Premiere von *Bennets Abenteuer beginnt* (2012)

Die Patinnen meines Kindermusicals *Bennets Abenteuer beginnt,* Andrea Ballschuh (l.) und Inka Bause (r.), bei der Premiere 2012 in Berlin

Immer für einen Spaß zu haben: Achim Mentzel. Unsere letzte Begegnung im Backstage der Hutbergbühne in Kamenz (2015)

Von der ersten gemeinsamen Radiosendung bis heute verbunden – der großartige Frank Zander, hier bei seinem 75. Geburtstag

Einmal Fan, immer Fan. Mit Udo Lindenberg 2016

Frei wie der Wind. Mit der Segelyacht in Schottland (2016)

Legenden mit »Einschleicher« Karney: City, d. i. Fritz Puppel, Toni Krahl, Manfred Hennig und Georgi Gogow (v. l. n. r.) (2017)

tung von Technik und viele andere Dinge waren zu klären. Zum Beispiel habe ich niemals wieder so viele Organigramme entwickelt und wieder verworfen.

Kurz vor Weihnachten wurde dann auch ich von unseren neuen Dienstherren zu einem Gespräch geladen. Man hatte sich im Hotel *Kempinski* einquartiert und so fuhr ich zum Kurfürstendamm – es ging um meinen Job im neuen Unternehmen. Nach meiner bescheidenen Einschätzung sprach nichts gegen meine Berufung als Programmchef. Ich wusste (obwohl ich bereits in den vielen Arbeitsgesprächen meinen »Ostsenf« dazugegeben hatte), an diesem Abend musste ich alles bisher Gesagte übertreffen. Bei dem Gedanken, in einer Runde erfahrener Zeitungsmacher, Rechtsanwälte und Medienmanager Rede und Antwort stehen zu müssen, packte mich echtes Lampenfieber.

Aufgrund der Fragen an mich und vor allem der hitzigen Diskussion um meine Antworten stellte ich beruhigt fest, dass die Gentlemen unterschiedliche Auffassungen zu den politischen Ereignissen der jüngsten Zeit hatten. Was in diesem Augenblick noch wichtiger war, sie hatten auch verschiedene Vorstellungen vom neuen Programm, da waren diplomatisches Geschick und vor allem eine klare Haltung gefragt. Denn eines war mir bewusst: Wenn sie mich nicht nehmen, holen sie einen aus ihrem Reihen, und das musste ich verhindern.

Als mich Dr. Funke, von dem ich wusste, dass er mich auf dem Posten des Programmchefs haben wollte, im Verlauf des Gespräches um meine Einschätzung bat, ob die Meldung, dass Angela Merkel soeben zur stellvertretenden Bundesvorsitzenden der CDU gewählt worden sei, für Ostdeutsche Relevanz habe, blickte ich ungläubig in die Runde und erwiderte: »Ja, natürlich.«

Nach heutigem Maßstab war das für mich die Fünfzig-Euro-Frage, aber Dr. Funke sprang auf und intonierte: »Siehste, siehste!«

Na ja, bisschen sehr theatralisch, aber wir hatten mich durchgeboxt. Dann kam der schwierige Teil des Abends. Smalltalk und Vertragsverhandlungen beim teuersten Rotwein aus der *Kempinski*-Kellerei. Weder konnte ich mit Geschichten aus der Toskana Akzente setzen noch wusste ich, wo der Job, den ich soeben bekommen hatte, finanziell anzusiedeln ist. Am Ende hatte ich neben einem ordentlichen Sodbrennen vorerst alles unter Dach und Fach. Später, ohne die berauschenden Tannine im Körper und nach eigener Recherche, musste ich meinen Vertrag nachverhandeln. Gerade noch mal gutgegangen, sie gaben dann noch ein Auto und einige Kleinigkeiten dazu. *Das mit dem Geld,* dachte ich mir, *musst du noch lernen.*

The Cure »Friday I'm in Love« (1992)
Right Said Fred »I'm Too Sexy« (1991)
Genesis »I Can't Dance« (1991)

Sendestart

Déjà-vu. Wieder das große, ehemalige Intendantenbüro mit dem endlos langen, monströsen Besprechungstisch. Die kleine Sitzecke mit den plüschigen Sesseln und der hässlichen Stehlampe. Hier hatte ich zu DDR-Zeiten dem Intendanten meine Radioshow abgeluchst, hatte mir agitatorische Standpauken angehört und schließlich mit Jürgen Itzfeldt den Plan zum Überleben des Berliner Rundfunks ausbaldowert. Dieses Mal, sehr früh an einem Morgen Ende Dezember 1991, die Festbeleuchtung zur Erhellung der Situation war eingeschaltet, hoffte auch ich auf Erleuchtung, denn vierzig Augenpaare waren fragend und fordernd auf mich gerichtet.

Es war alles so wahnsinnig schnell gegangen. Nach der Lizenzvergabe hatten wir nur zwei Wochen Zeit gehabt, das auf dem Papier entworfene Programm auf die Beine zu stellen. Für so einen Senderstart braucht man unter normalen Umständen Wochen, wenn nicht Monate. Abgesehen von rein organisatorischen und technischen Abläufen, gab es reichlich unausgesprochene Fragen. Die nun das Zepter in der Hand hielten und die Redakteure hatten weder Zeit noch Gelegenheit für einen grundsätzlichen Gedankenaustausch über Strategie und inhaltliche Schwerpunkte gehabt. Die meisten Mitarbeiter hatten einen krassen Systemwechsel erlebt, jeder musste erst einmal für sich selbst realisieren, was es bedeutete, bei einem privaten, kommerziellen Radiosender zu arbeiten. Ab sofort hieß es: Profit statt Propaganda. Eine neue, andere Herausforderung.

Unsere erste Zusammenkunft wurde eröffnet von einem gewissen Herrn Maus als Vertreter der Gesellschafter. Seine etwas wirre Ansprache wurde vom ständigen Ziehen an seiner Zigarette unterbrochen. Er war lange Zeit der verantwortliche Redakteur für die Schlagzeilen des Kölner *Express*, und so kann man sich gut vorstellen, wie diese Begrüßung ausfiel.

Der Geschäftsführer Dr. Funke fand markige Worte, die man als richtungsweisend gelten lassen konnte. Als die Reihe an mich kam, fand ich, dass der Reden genug

gehalten waren, wir mussten vorwärts kommen, Fortschritte machen. Und so fragte ich in die Runde, wer schon mal eine Frühsendung moderiert hätte. Die Kollegin, die vorsichtig ihren Finger hob, verdonnerte ich dann ruck, zuck dazu, bis auf weiteres die Morgenshow zu machen. Die Morgenshow, welche Morgenshow? Das Herzstück eines jeden Radioprogramms war zu diesem Zeitpunkt bei uns nur eine vage Idee. Überhaupt, wir sendeten ins Blaue hinein, denn niemand kannte wirklich die Erwartungen unserer Hörer. Welche Hörer, nahm uns überhaupt noch jemand wahr?

Ab dem 1. Januar 1992 haben wir erst mal auf bunte Themen, Wetter und Sport zurückgegriffen. Jeder machte seinen Job, so gut er konnte, alle brachten ihr Wissen und ihr Können ein. Zum Beispiel übernahmen wir zwei der beliebtesten Sendungen des DDR-Rundfunks in unser Programm. Einmal »Im Tierpark belauscht«, ein Gespräch über Tiere mit dem weltberühmten Tierparkdirektor Professor Dr. Dr. Heinrich Dathe beziehungsweise seinem Nachfolger. Die Moderatorin Karin Rohn war eine Art Instanz auch für die Mitarbeiter. Zum anderen die »Schlagersahne« mit dem sehr herzlichen Ekki Göpelt, seinem Autor und Partner Michael Niekammer und einem kleinen Hündchen, das immer auf dem Mischpult saß, wenn Ekki Sendung hatte, in der er mit unendlich viel Leidenschaft eine Lanze für den deutschen Schlager brach.

Ja, wenn alles anders und neu ist, braucht es auch ein Stückchen Heimat und Idylle, die Arbeitstage im Sender waren hart genug. Es gab viel, sehr viel internen Informations- und Klärungsbedarf. Aber wir sendeten, »bespielten« erst mal die Frequenz. Weit entfernt von einem homogenen Klangbild mit Wiedererkennungseffekt, noch weiter entfernt von einer Strategie, ohne eine inhaltliche Grundausrichtung außer den Meldungen des Tages und viel Raum für Musik, und schon allein das war nicht so einfach, wie es den Anschein hatte.

Mr. Big »To be with You« (1991)
Whitney Houston »I Will Always Love You« (1992)
The Clash »Should I Stay or Should I Go« (1982)

Wir machen Musik

Beim Start des Berliner Rundfunks am 1. Januar 1992 gab es das alte Musikarchiv für uns nicht mehr. Auch das Archiv mit Interviews, Sendungen aus vielen Jahren und historischen Aufnahmen war für uns praktisch nicht vorhanden. Das gesamte Tonmaterial war nach der Auflösung der staatlichen Einrichtung per 31. Dezember 1991 Eigentum der ARD geworden und damit für die Neue Berliner Rundfunk GmbH tabu beziehungsweise nur für viel Geld zu nutzen gewesen. Da wir angetreten waren, um Geld zu verdienen, gab es keinen Grund für diese Ausgaben. Andere Lösungen mussten her.

So gingen wir Silvester 1991/92 um null Uhr mit einer Not- und Übergangslösung an den Start. Das komplette Musikarchiv der privaten Lokalradiokette in Nordrhein-Westfalen war dupliziert und Hunderte von CDs in die Nalepastraße gebracht worden. Die Sendepläne, die Musikredakteure in Oberhausen für ihr Programm erstellt hatten, wurden uns übermittelt und fraßen jeden Tag unser Faxpapier auf. Wir spielten eins zu eins die Musikauswahl der Lokalradios in NRW.

Einer der Vorwürfe, die ich seit Beginn der Privatfunkerei immer wieder höre, lautet: Die Musik wird von Computern gemacht. Vielleicht ein Vorurteil, das aus Unwissenheit entstanden ist. Daher Achtung! Jetzt wird es populärwissenschaftlich, tatsächlich läuft es so: Die Computer werden von kompetenten Musikredakteuren genutzt, um jeden Tag für vierundzwanzig Stunden die Titelfolge zu planen, die wir dann genau so abspielen. Das erleichtert allen die Arbeit. Denn ehrlich – keiner merkt, ob ein Redakteur Titelkärtchen sortiert oder ein Computerprogramm diese zeitraubende Arbeit übernimmt. Die Musikredakteure nutzen ausgefeilte Software, welche alle Musiktitel eines Senders archiviert. Nach genauen Vorgaben der Musikredaktion, die in definierten Regeln dem Computer vorgegeben werden, plant dann der Computer, wann und in welcher Reihenfolge Titel gespielt werden. Heute sind wir so weit, dass die Songs als Audiodatei in einen digitalen Sendeplan eingefügt werden. Ich kenne keinen Radiosender, in dem noch Tonträger abgespielt werden.

Welche Künstler, welche Songs überhaupt laufen, entscheiden die Hörer, die dazu aufwendig befragt werden. Es gibt immer wieder ausführliche Marktstudien darüber, wo ein Sender strategisch angesiedelt sein muss, damit er seine

Nische findet. Wenn es zum Beispiel auf einem Markt bereits zwei Schlagersender gibt, dann wird nur ein Idiot einen weiteren an den Start schicken, der auch Schlager spielt. Sollten Sie also einmal angerufen werden, um über Ihre Radionutzung Auskunft zu geben, so nutzen Sie die Gelegenheit und nehmen sich die Zeit.

Die meisten Menschen hören Radio beim Aufstehen und da möchten sie natürlich ihre Lieblingssongs hören. Die bekommen sie. Da diese Hörer höchstselten stundenlang am Radio bleiben, wird dieser Favorit unter Umständen auch im Laufe des Tages für die anderen Hörer gespielt. Jeder Musikredakteur ist aber sehr bemüht, Titelwiederholungen zu vermeiden. Auch dabei hilft ihm der Computer.

Das war die Kurzfassung. Jeder weiß, dass alles, was die Musik betrifft, immer mit Emotion verbunden ist. Deshalb denke ich, dass die Diskussion um die Musik eines Senders nie aufhören wird, aber Sie sind nun fachlich gerüstet für Streitgespräche zu diesem Thema. Viel Spaß.

Fats Domino »I'm Walking« (1957)
Pet Shop Boys »Go West« (1993)
Elton John »Circle of Life« (1994)

Westbesuch

Während der ersten Monate mussten wir schnellstens die wesentlichen Erwartungen an ein ganz normales Radioprogramm erfüllen und gingen so temporär einige Kompromisse ein. Zum Beispiel wurden nicht nur die Musikpläne, sondern in den ersten Wochen auch die Nachrichten von der Lokalradiokette in Nordrhein-Westfalen übernommen. Das war im Grunde der Kompromiss des Kompromisses und musste schnellstens beendet werden. Wir arbeiteten mit Hochdruck an Lösungen, denn außer dass wir natürlich unserem eigenen Anspruch, ein autarkes Programm zu stemmen, gerecht werden wollten, hatte die auch gerade vollzogene Wiedervereinigung ihre speziellen Aspekte. Wir Deutschen durchlebten schließlich nicht allein eine Gebietsreform, sondern mussten uns, besonders im Osten, auf allen Ebenen neu orientieren. In den neuen Bundesländern machten gerade viele Menschen ihre Erfahrungen mit der westdeutschen Mentalität. Nicht ohne Grund hatte sich der Begriff »Besserwessi« eingebürgert. In diese sensible Situation hinein sendete der Berliner Rundfunk unüberhörbar Nachrichten aus NRW. Das war Realsatire und äußerst kontraproduktiv.

Was an Informationen aus dem Weltgeschehen schon fremdartig klang, war bei regionalen Nachrichten mehr ein Witz als ernstzunehmende Berichterstattung. Die Auswahl der Meldungen besaß fast keine Relevanz für unsere Hörer. Die Redakteure in Oberhausen hätten die Frage nach Merkel, wie sie mir im *Kempinski* gestellt worden war, sicher falsch beantwortet. Es musste schnellstens etwas geschehen, und ich intervenierte heftig bei der Geschäftsführung.

Während wir also um angemessene Inhalte, politische Einordnung und moderne Präsentationsformen diskutierten, tauchte plötzlich »Unterstützung« auf. Redakteure aus einem Regionalstudio der nordrhein-westfälischen Lokalradiokette und aus Hamburg zogen bei uns mit der Absicht zu bleiben ein. Sie okkupierten die Schlüsselpositionen in der Redaktion, begannen sich einzurichten, biederten sich bei mir an und machten Anstalten, den Sender journalistisch zu ruinieren. Man hatte den Bock zum Gärtner gemacht.

Es bestand einige Wochen lang latent die Gefahr, dass wir uns in unserem Home-Market ins Aus senden, und dieser bot schließlich zu diesem Zeitpunkt den einzigen strategischen Ansatz, den wir hatten. Wenn es an den Home-Market ging, war mit dem Geschäftsführer nicht zu spaßen. Er stellte sich schließlich wieder auf die richtige Seite, und die »Unterstützer« gingen so schnell, wie sie gekommen waren, ohne wirklich nachhaltige Eindrücke zu hinterlassen, geschweige denn positiven Einfluss auf den Lauf der Dinge genommen zu haben.

Ganz klar, diese Aktion war ein Rückschlag für den Sender gewesen, hielt uns aber letztendlich nicht auf. Unsere Nachrichtenredakteure bewiesen immer mehr ein Gespür für die Stadt, fühlten den Puls der sich neu organisierenden Metropole und entwickelten langsam, aber sicher einen Berliner-Rundfunk-Stil. Geprägt von kompetenter, schneller und objektiver Berichterstattung, hatten diese Kollegen einen großen Anteil daran, dass wir Vertrauen gewannen und eine Chance hatten, ein ernstzunehmendes Hauptstadtradio zu werden.

Bon Jovi »Bed of Roses« (1993)
The Beloved »Sweet Harmony« (1992)
Rembrandts »Just the Way It is, Baby« (1990)

Ich geh von Ost nach West zu Fuß

Der großartige Frank Schöbel, Schlagerstar und Idol von DDR-Generationen, war in der Phase der Neuorientierung unseres Arbeiter-und-Bauern-Volkes als Moderator beim neuen privaten Berliner Rundfunk dabei. Er hatte es – wie alle anderen auch – wahrlich nicht einfach.

Helga Hahnemann hatte mir zugesagt, ihre Sendung »Helga's Top(p)-Musik(e)« auch bei einem neuen kommerziellen Berliner Rundfunk zu moderieren. Leider konnte sie ihre Pläne nicht verwirklichen. Nach ihrem plötzlichen Tod hatte ich Frank gewinnen können, diese erfolgreiche Sendeschiene als Zugpferd am Samstagvormittag weiterzuführen. Für mich war er der Einzige, der über genügend Potential, Charakter und auch Standing verfügte, um unsere Hörer anstelle von Henne zu begeistern und an den Sender zu binden.

Wir hatten vorher noch nie zusammengearbeitet, kannten uns nur von Live-Auftritten und Smalltalk am Rande von »Bong«-Aufzeichnungen. Eine völlig skurrile Situation für uns beide, denn es waren Gespräche zwischen dem zukünftigen Moderator einer Sendung zur besten Sendezeit und seinem Programmdirektor.

Frank schlug vor, dass der Autor und Satiriker Jochen Petersdorf Texte und Moderationen für die Sendung beisteuert. Petersdorf hatte im Fernsehen der DDR die Nation ganz prächtig immer zu Weihnachten in »Zwischen Frühstück und Gänsebraten« unterhalten. Er las dort bekannte Märchen, die er aber in das Zeitgeschehen transponierte. Das war ein Quotengarant mit hohem Unterhaltungs- und Gesprächswert. Seine satirisch überzeichneten Interpretationen bekannter Märchen vor dem Hintergrund des realexistierenden Sozialismus waren genial, klug und sehr lustig.

Die beiden überredeten mich also, dass Petersdorf als Autor und Schöbel als Moderator ein unschlagbares Duo seien. Nachdem ich halbwegs überzeugt war, gelang es mir, bei meinem Geschäftsführer das zusätzliche Geld für einen Autor locker zu machen, und wir gingen an die inhaltliche und künstlerische Diskussion. Grundlage war mein Konzept, in dem unter anderem die einzelnen Stunden zeitlich, vor allem hinsichtlich Wortanteil, aufgeteilt waren. Ansonsten Hörerinnen und Hörer am Telefon und viel Musik.

Frank Schöbel hatte Radioerfahrung als Moderator von »Franks Beatkiste« bei Stimme der DDR. Allerdings unter völlig anderen redaktionellen Bedingungen. Jochen Petersdorfs Vorstellung vom »Sprechen im Radio« war geprägt von seinem Alter und seinem Anspruch als Autor von Texten, die zahlendem Publikum auf einer Bühne vorgetragen werden oder in Buchform erscheinen. Er war ein populärer Schriftsteller. Nicht nur die Leser der Zeitschrift *Eulenspiegel* schätzten seine satirischen Betrachtungen. Ich wünschte, ich hätte seinen Humor.

Beide empfanden meine Forderung, sich bei den Moderationen auf eine Minute und dreißig Sekunden Länge zu beschränken, als Zumutung. Nicht realisierbar ohne deutlichen Verlust künstlerischen Wertes, geschweige denn um einen Gedanken zu beginnen und zu Ende zu bringen. Konnte ich nachvollziehen, Jochens Märchenlesung im besinnlichen Weihnachtsprogramm des Fernsehens hatte zwischen sieben und acht Minuten gedauert. Dazu aber hatte die Familie noch andächtig um den russischen Farbfernseher herumgesessen.

Wir befanden uns in neuen Zeiten, bei einem neuen Medium, nämlich dem privatem kommerziellen Radio. In *der* europäischen Stadt, in der schon damals die meisten

Radiostationen über UKW zu empfangen waren. Wir aus Ostberlin wollten mitmischen im Gerangel um Hörer im geeinten Berlin-Brandenburg.

Ich bin fast verzweifelt. Frank Schöbel und Jochen Petersdorf übrigens auch. Unverständnis auf beiden Seiten. Meine Argumentation, meine Ideen von einem Programm, von dem ich überzeugt war, dass es sich auf Dauer durchsetzt und etabliert, wurden als opportunistisch eingeordnet, mein Verhalten gegenüber dem Kapital als devot. Das Wort »Verrat« lag in der Luft. Das habe ich im Verlaufe der ersten Jahre unseres neuen Senders übrigens öfter gehört, am meisten von Interpreten, deren Songs wir nicht gespielt haben. Am Anfang schmerzte mich das und gleichzeitig irritierte es mich, denn wir wurden schnell auch ohne sie erfolgreich.

Die Wochen, in denen Frank jeden Samstagvormittag die Sendung nach seinem persönlichen Gusto gestaltete, waren für mich als Programmverantwortlichen Horror in zweierlei Hinsicht. Einmal wegen der Moderationen und der Live-Telefonate mit Hörerinnen und Hörern, zum anderen wegen der Rechtfertigungsdiskussionen beim Geschäftsführer und bei den Gesellschaftern. Die beäugten nämlich voller Argwohn, was die Ossis da so machen. Das Vertrauen unseres Geschäftsführers Dr. Funke besaß ich, die Gesellschafter aber waren schwer misstrauisch gegenüber uns Ostdeutschen. Mit jeder Gesellschafterversammlung wuchs mein Ehrgeiz, ohne die Unterstützung von westdeutschen Programmleuten ein gesamtdeutsches Radioprogramm mit ostdeutschem Hintergrund zum Erfolg zu bringen. Aus diesem Grund versammelte ich neben Frank Schöbel auch einige andere namhafte Moderatoren aus der DDR als freie Mitarbeiter in unserem pubertierenden Sender. Im

Laufe der Zeit waren unter anderen die Schlagersänger und Moderatoren Ekki Göpelt und Hartmut Schulze-Gerlach alias Muck sowie die Schauspielerin Ursula Staack, die eine legendäre Comedy spielte, an Bord.

Zurück zu unserer Samstagvormittag-Show mit Frank Schöbel. Für mich war er die etablierte und mit jedem Vertrauen der Welt ausgestattete Schlagerlegende einer ganzen Nation. Nach meiner damaligen Idealvorstellung hätte er das Zepter in die Hand nehmen und in schwerer Zeit den Zug der Enttäuschten und Verunsicherten anführen sollen. Wäre seine Botschaft in unserem neuen Berliner Rundfunk gewesen: »Ihr habt recht. Es ist vieles Mist, aber es war auch nicht alles gut. Jetzt den Hintern zusammenkneifen, es ist eine große Chance für uns alle, wir schaffen das!« – dann wäre mein Plan aufgegangen. Das Gegenteil war der Fall. Jede Woche neue Jammersendungen, in denen Frank nicht nur über die Musik, die wir damals spielten, herzog. Wenn ein Moderator nicht hinter seinem Sender steht und das live in die Welt posaunt, dann wird eine entsprechende Reaktion nicht ausbleiben können.

Es galt, das Staatsfunk-Image und damit alte Denk- und Verhaltensmuster abzuschütteln und mit neuem Anspruch und innovativen Angeboten Hörer zu gewinnen. Integration im Äther. Meine feste Überzeugung war, dass es möglich sei, den Berliner Rundfunk mit starken Persönlichkeiten programmatisch so auszurichten, dass es in einer Marktwirtschaft reüssierte. Dazu mussten aber erst einmal Hörerinnen und Hörer in Ost und West gebunden werden. Um diesen Prozess mitzugestalten, ließ ich mich einspannen lassen und wollte ich Frank Schöbel einspannen. Das war mit der Schöbel-Show gründlich misslungen.

Die Trennung fand dann wie üblich im Einvernehmen

statt. Frank und ich hatten danach über Jahre hinweg keinen Kontakt. Den Samstagvormittag moderierte nun der Kabarettist Martin Buchholz aus Westberlin, ein Vorschlag unseres Geschäftsführers. Peinliches Finale für ihn, auch Buchholz ignorierte konsequent unsere Längenvorgaben und das Wort-Musik-Verhältnis.

Frank Schöbel »Wenn ein Stern verlischt« (1984)
Inner Circle »Sweat (A La La La La Long)« (1991)
Salt 'n' Pepa »Let's Talk about Sex« (1991)

Der fliegende Holländer

Eine weitere Neuerung und eine große Erfahrung für mich war die Arbeit mit Beratern. Einer von ihnen war Ad Roland, der fliegende Holländer aus Hilversum. Ehemals selbst langjähriger Moderator unter anderem beim legendären Piratensender Radio Nordsee International, also ein Mann der Praxis, hatte er sich in ganz Europa ein Beratungsimperium aufgebaut. Seinem Einfluss verdankte das private Radio in Deutschland die Entwicklung des sogenannten Formatradios. Die Idee dahinter ist eine formatierte, also wiedererkennbare Programm- und Moderationsstruktur. Damit einhergehend, werden nur Songs gespielt, die aus Musiktests als absolute Lieblingstitel der Hörer hervorgehen.

Da saß ich nun eines Tages neben Ad Roland, den ich schon durch die Daunen meines Kopfkissens gehört hatte, und wir begegneten uns wie alte Bekannte. Er war der erste

Berater, der nach ostdeutschen Werten fragte, danach, welche Songs geliebt, welche Künstler verehrt wurden. Er wollte verstehen, welche Erfahrungen und Erwartungen wir, die Ossis, in die deutsche Einheit mitbringen, um genau das im Radio zu bedienen. Mein Mann, dieser Ad Roland. Wir beschlossen einen heimlichen Wissenstransfer, ich wollte mir sein gesamtes Know-how aus zig Jahren hinter dem Mikrofon und als Berater aneignen. Das gelang größtenteils, indem ich durch ständiges Nachfragen und endlose Gespräche sein Wissen zu meinem machte. Wir entwickelten einen aufwendigen Test, bei dem verschiedene Musikrichtungen und sehr viele Songs aus der DDR bei potentiellen Hörern getestet wurden. Das Ergebnis war niederschmetternd. Außer »Alt wie ein Baum«, »Du hast den Farbfilm vergessen«, »Über sieben Brücken« und zwei, drei weitere Lieder waren fast alle durchgefallen. Also erst mal tschüss DDR-Erbe an Pop- und Rockmusik.

Ad Roland entwickelte daraufhin mit seinem Musikredakteur in Holland ein Musikprogramm, das dem Zeitgeist entsprach und niemandem wehtat – außer all den ostdeutschen Künstlern, deren Fans sich offensichtlich von ihnen abgewandt hatten. Mit diesem Musikprogramm verprellte ich viele der alten Weggefährten und machte mir wenig neue Freunde, denn, wie sich herausstellte, konnte ich nicht der Anwalt des sozialistischen Liedgutes sein.

In einem Tonstudiokomplex in der Nähe von Hilversum standen mehrere sogenannte Selbstfahrerstudios. Dort konnten junge, talentierte Radio-DJs unter Anleitung tagelang üben, wie man moderne Sendungen selbst, also ohne Techniker »fährt«. Wir lernten den Umgang mit Jingles und Musikbetten (Hintergrundmusik), wir übten das knappe und dennoch verbindliche Moderieren. Ad vermittelte uns eindringlich, die Musik zu »verkaufen«, und viele weitere nützliche Dinge, die es später mit eigener Persönlichkeit zu vervollkommnen galt.

Nach harten Trainingseinheiten mit Gehirnjogging zwischen Plattenspielern und Mischpult entlockte ich Ad Roland viele Geheimnisse unseres spannenden Berufes und tauschte mich mit ihm aus. In Berlin stand in der Zwischenzeit auch ein Selbstfahrerstudio, und ich wollte und sollte ab 1. Oktober 1993 eine neue Ära beim Berliner Rundfunk einläuten. Zunächst aber gab es eine große Überraschung: wieder Westbesuch in der Nalepastraße.

Alannah Myles »Black Velvet« (1989)
Snap »The Power« (1990)
UB 40 »Kingston Town« (1990)

Klassenkampf

Von der ersten Sendestunde unseres Ossisenders an wurden wir von vielen unserer Kollegen bei den etablierten Rundfunkstationen in Westberlin erst herablassend belächelt, später beobachtet und schließlich bekämpft. Hört sich martialisch an, ist aber belegbar. Die Auseinandersetzungen zwischen den Sendern nahmen schleichend zu. Die Boulevardpresse meinte es gut mit mir, und das färbte auch auf den Berliner Rundfunk ab, aber aus manchen Funkhäusern der Stadt wurden wir mit Begriffen wie »ehemaliger Staatsfunk«, die »alten Parteigenossen«, die »ewig Gestrigen«

usw. diffamiert. Dem galt es mit Selbstbewusstsein entgegenzutreten.

Eine dicke Schlagzeile auf der Titelseite der damaligen *BZ am Abend* lautete: »Karney: ›Wir stecken den SFB in die Tasche‹«. Diese vollmundige und übermütige Ankündigung hatte ihre Vorgeschichte beim jährlichen Berliner Presseball. Im Verlaufe dieser damals noch piekfeinen Veranstaltung, zu der vor allem die Westberliner High Society im Smoking und Abendkleid erschien, schwärmten Reporter mit Aufnahmegerät aus und sammelten ihre Geschichtchen ein. Wir vom neuen Berliner Rundfunk natürlich auch. Die akkreditierten Journalisten saßen, vielleicht um die honorigen Ballgäste nicht zu belästigen, in einem für sie reservierten Raum beim Catering zusammen.

Während dieses Stelldicheins der Eitelkeiten im Separee des Internationalen Congress Centrums (ICC) Berlin unterhielten sich einige Kollegen vom damaligen Sender Freies Berlin am Nachbartisch auffällig laut herablassend über die »Möchtegern-Journalisten« aus der Nalepastraße. Wir hielten uns in diesem Moment diskret zurück, aber das Geschwätz motivierte uns stark. Zeitnah gab ich einem schreibenden Kollegen in einem Interview dieses ambitionierte Statement, das er fett auf den Titel brachte. Das erregte Aufmerksamkeit und war weiterer Ansporn für uns alle. Es hatte nicht mal zwei Jahre gedauert und wir hatten unsere Ankündigung wahrgemacht und den SFB mit unseren Hörerzahlen abgehängt. Als diese Media-Analyse auf dem Tisch lag, hätte ich gern den Gesprächen am Nachbartisch zugehört.

Selbstverständlich ergaben sich auch unzählige offene und herzliche Gespräche mit Kollegen aus den Westberliner Funkhäusern. Man traf sich beim Bier zum Gedanken- und

Erfahrungsaustausch und sah den Wettbewerb zwischen den Sendern als sportliche Herausforderung. Was für ein Tag, als ich Nero Brandenburg vom RIAS kennenlernte, den ich als Moderator schon immer sehr verehre. Es gab hüben wie drüben sone und solche, wie der Berliner sagt.

Zu diesem Zeitpunkt veränderte sich die Situation im Sender und in der Außendarstellung stetig. Meine kommissarische Grundlagenarbeit als Programmverantwortlicher wurde offiziell in Unterhaltungschef umbenannt und mir wurde ein neuer Programmdirektor vor die Nase gesetzt. Der ehemalige Chefredakteur von Antenne Bayern, Uwe Frigge, sollte unseren Laden einige Jahre erfolgreich leiten. Fast gleichzeitig mit ihm übernahm Günther Jauch die sogenannte Programmkoordination. Ein taktischer Schachzug, der uns tatsächlich einen weiteren Schub gab. Ein Trio mit einem prominenten Ossi, einem Wessi mit Privatradio-Know-how und eine westostübergreifende journalistische Kompetenz von »Stern TV«. Das sorgte für Wirbel, und nicht nur neue Hörer fanden zu uns, sondern auch mehr und mehr Werbekunden. Was mir an fachlichem Wissen fehlte, sog ich bei meinem Programmchef auf und was er als Wessi und Bayer zu lernen hatte, brachte *icke* ihm bei. Wir wurden ein gutes Team, indem wir uns respektierten und ergänzten. Und mussten feststellen: Er war kein Besserwessi, ich kein doofer Ossi.

Eine ähnliche Konstellation ergab sich im wichtigen Marketingbereich. Auch dort trafen Ost und West aufeinander. Die Chefin dieser Abteilung war vom Springer-Verlag zu uns gekommen, ihre Assistentin kam aus einem ostdeutschen Verlag. Dass Marketing und Programm in einem privaten Radiounternehmen geschmeidig zusammenarbeiten, ist Voraussetzung für den wirtschaftlichen Erfolg. Die Marketing-Leiterin war zu sehr damit beschäftigt, wichtig zu sein, daher lief das tägliche Geschäft über den Schreibtisch ihrer Assistentin Katrin Helmschrott. Da ich im Windschatten des Programmdirektors frei von administrativen Aufgaben relativ autark arbeiteten konnte, wurde aus uns ein starkes Team. Durch unsere Positionen in der zweiten Reihe spannen wir nahezu ungestört unsere Fäden und nahmen so positiv Einfluss, wo immer es ging. Wir fanden stets einen Weg, Kunden und Geschäftsführung glücklich zu machen.

Dabei verlor die eigentliche Marketingchefin leider wegen Unflexibilität den Anschluss und Katrin Helmschrott übernahm fließend ihren Job. Der Berliner Rundfunk entwickelte sich immer mehr zu einer ernstzunehmenden Marke im Äther, und zwar im Home-Market, aber auch darüber hinaus. Wir begannen in Nachbars Garten zu ernten und machten uns keine Freunde damit.

Zucchero & Paul Young »Senza una donna« (1991)
Erste Allgemeine Verunsicherung »Ding Dong« (1990)
Sidney Youngblood »Sit and Wait« (1989)

Feindliche Übernahme

Der umtriebigste aller Geschäftsführer lief unter diesen Bedingungen zur Höchstform auf. Dr. Funke erreichte allerdings nach Meinung fast aller Beteiligten seinen persönlichen Tiefpunkt, als er im Herbst 1992 verkündete, dass einige Kollegen unseres schärfsten Wettbewerbers, des Senders

Hundert,6 aus dem Westteil der Stadt, unser Team verstärken würden.

Das hatte denselben Effekt, als ob man mit einem Stock einen Ameisenhaufen umrühren würde. Sein Plan war, kompetente Journalisten aus Ost und West in einer gemischten Mannschaft auf Augenhöhe zusammenzuführen, um den Markt gemeinsam mit neuen spritzigen Ideen, resultierend aus den unterschiedlichen Biografien, aufzuwirbeln. Das hatten einige der aus dem Westen desertierten Kollegen von Hundert,6 anders verstanden. In deren Wahrnehmung war der Aspekt »auf Augenhöhe« nicht Gegenstand der Verabredung gewesen oder wir hatten es falsch verstanden.

Manche der an einem dunklen Herbstabend in einer finsteren Ecke einer Kleingartenanlage vorgestellten Kollegen hielten sich eher für Retter in höchster Not, als dass sie gleichberechtigt arbeiten wollten, andere sahen sich offensichtlich als Planierraupenfahrer, darauf eingestellt, das Gelände einzuebnen. Dies lieferte Stoff für Zoff, denn es wurde vereint, was nicht zusammengehörte. Tatsächlich waren aber auch Kollegen dabei, die ehrliches Interesse daran hatten, gemeinsam mit uns, sozusagen in friedlicher Koexistenz, als Teil des Teams den Laden zu rocken.

Hatten bei den Konquistadoren aus NRW eher grüne bis rot-liberale Ideen das Denken und Handeln bestimmt, so waren es jetzt eher schwarze Seiten, die aufgeschlagen wurden. Während die eingeflogenen Besserwisser aus NRW noch moderat für Radfahrer Partei ergriffen hatten, so hieß es jetzt im Stil von Hundert,6 einfach: mehr Platz für Autos! Meine journalistische Kernmannschaft, die angetreten war, um frei von ideologischen Zwängen objektiv zu arbeiten, sah sich in die Rolle eines Marketinginstrumentes von politischen Überzeugungen gedrängt. Es gab ständig Querelen und »Klärungsbedarf«. Grüppchenbildung, Stimmungsmache und Profilierungssucht lähmten den Betrieb. Dennoch, der praktizierte Boulevardjournalismus, laut und undifferenziert, klang zwar stellenweise nicht mehr wie wir, brachte aber auch neue Denkansätze, die uns zwangen, unseren Komfortbereich zu verlassen. So gesehen: Es war nicht alles schlecht, und der verordnete Zusammenschluss gab den Anstoß für wichtige Entwicklungsprozesse bei jedem Einzelnen, was sich wieder positiv auf das Programm auswirkte.

Ja, die interne Vereinigung des nach außen hin so harmonisch wirkenden, Ost und West verbindenden Berliner Rundfunks verlief hinter den Kulissen sehr angespannt. Die Auseinandersetzungen hatten ihren finalen Höhepunkt während der IFA, der Internationalen Funkausstellung, als ich gerade mit Günther Jauch in unserem Messestudio moderierte. Kryptische Mitteilungen aus dem Funkhaus in der Leipziger Straße und Telefonanrufe besorgter Kollegen veranlassten den Programmchef und mich zum sofortigen Handeln. Eine abendliche Krisensitzung, zu der sich die mittlerweile offen kämpfenden Parteien trafen, endete damit, dass der Geschäftsführer durchgriff und einige leitende Positionen frei wurden.

Mr. Big »To be with You« (1991)
Guns N' Roses »November Rain« (1992)
Michael Jackson »Black or White« (1991)

»Die Schrippenshow«

Im Oktober 1992, zwei Tage nachdem ich in Suhl noch eine Samstagabend-Show für das MDR-Fernsehen moderiert hatte, saß ich morgens um fünf im Sendestudio des Berliner Rundfunks. In Worten: fünf Uhr morgens. Mein halbes bisheriges Berufsleben hatte sich weitestgehend abends und nachts abgespielt. Ab neunzehn Uhr wurde ich warm, ab zwanzig Uhr lief ich zu meiner besten Form auf und sehr oft bin ich erst um fünf Uhr ins Bett gekommen. Jetzt war es elend früh und ich saß wie in einem Aquarium hinter der großen Glasscheibe, die den Regieraum vom Studio trennte. Ich fühlte mich wie der kleine Fisch Nemo, den alle mitleidig anstarren. Auf der anderen Seite der Scheibe standen die »dicken Fische«, allen voran Programmkoordinator Günther Jauch, Programmdirektor Uwe Frigge, Geschäftsführer Dr. Funke und einige Kollegen, die aus dem Bett gefallen waren. Alle drückten die Daumen für unsere neue Morgenshow, die ich ab sofort jeden Tag moderieren sollte. Premiere für »Die Schrippenshow«, eine Sendung, die keinen geringeren Anspruch hatte, als den Berliner Radiomarkt aufzurollen.

»Schrippenshow«, ein Begriff, der leider nicht von mir ist. Für eine Frühsendung im Berliner Radio ist es der beste Titel, den man sich vorstellen kann – alles andere ist kalter Kaffee. Für Sachsen und Bayern müsste man das Morgenmagazin analog dazu »Semmelshow« nennen, auf Hiddensee »Bömmel-Bimmeln« und in Baden-Württemberg und Hessen vielleicht »Wecken mit Wecken«, aber das nur am Rande.

An diesem denkwürdigen und allen folgenden Tagen, die immer um vier Uhr mit den Vorbereitungen für die

Show begannen, entdeckte ich meine wahre Bestimmung im Radio: die Morgensendung. Keine andere Sendeschiene verlangte mir so viel Disziplin, Konzentration, schnelles Reagieren und Improvisation ab. Fünf Stunden intensive Arbeit mit Reglern, Computern, Telefon und dabei locker, lustig, leichtzüngig auf den Punkt moderieren: das ist meine Welt – alles andere unterfordert mich. Hört sich arrogant an, soll aber bitte nicht heißen, dass ich die Arbeit von Kollegen in anderen Programmstrecken nicht wertschätze. Im Gegenteil.

Uwe Frigge und ich hatten in einem niederländischen Tonstudio ein sogenanntes Jingle-Paket produziert, eine Reihe von kurzen, prägnanten Melodien, die einem Programm ein eigenständiges akustisches Layout geben. Der Berliner Schauspieler Rainer Brandt, in meinen Augen ein »Synchrongott«, der unter anderen Elvis Presley, Tony Curtis und Jean-Paul Belmondo seine deutsche Stimme und seinen Humor verlieh, war unsere Station-Voice. So bezeichnen wir die einprägsamen Stimmen, die statt eines Moderators immer mal wieder im Programm auftauchen und Standards ansagen wie: »Radio Ga Ga, die Nachrichten mit Hans Wurst«. Sie wissen, was gemeint ist.

Neben anderen spielten wir folgenden, sogenannten Station-Song, also eine Art Werbesong für das eigene Programm:

»Sag mir das Radio, das jeder hier hört
Auf das man in Mitte und Schöneberg schwört
Sag mir das Radio, das gut informiert
Ja, das ist deeeer – Berliner Rundfunk
Einundneunzig viiiiieeeer.«

Schöne heile Welt, so etwas heißt On-Air-Promotion. Alle hören, alle schwärmen, alle lieben nur diesen einen Sender. Aber mit Promotion allein ist es nicht getan. Um zu überzeugen, braucht es originelle Ideen, die begeistern, und einzigartige Persönlichkeiten.

Als kreative Köpfe in der Redaktion nachrückten, wurde Steffen Schambach neuer Wortchef. Ein Querdenker, der auch mal mit provokanten Einfällen aufrüttelte und immer wieder dafür sorgte, dass wir stets frisch, neu und niemals langweilig waren. Vor allem aber waren wir mit unserer Ansprechhaltung und unseren Themen authentisch und lebensnaher als je zuvor.

Eine der Sendungen, die für mich wie keine andere in die damalige Zeit passte, war unsere Feierabendshow mit »Dr. Nachmittag« alias Steffen Schambach. Nur ein Beispiel soll das belegen. Im Juli 1993, der Begriff »Fake News« im heutigen Sinne existierte noch nicht, widmeten wir uns dem Thema Glaubwürdigkeit der Medien auf unsere sehr eigene Art. Wir riefen den »Tag der Lüge« aus. Uns war bewusst, dass wir mit Streichhölzern an der Zündschnur der zum Teil sehr aufgeladenen Stimmung in der Stadt spielten. Morgens in der »Schrippenshow« meldeten wir, dass der Berliner Senat beschlossen habe, den Fernsehturm am Alexanderplatz als Schandmal des Sozialismus abzureißen. Wir hatten ja mit Reaktionen gerechnet, aber einen solchen Shitstorm, wie wir es heute nennen würden, hatten wir nicht erwartet. Die komplette Redaktion war stundenlang damit beschäftigt, die aufgebrachten Hörer an den Telefonen zu beruhigen. Die beliebteste und beste Reporterin unseres Senders, Carmen Krickau, stand auf dem Alex und befragte Passanten zum angeblich geplanten Abriss des Turmes. Die Reaktionen vor Ort reichten von

»Na endlich kommt das Ding weg« über »Ist mir egal« bis zum entsetzten »Jetzt reicht es aber«. Eine live erlebte, emotionsgeladene Auseinandersetzung über Themen, die die Menschen bewegten, und über die Glaubwürdigkeit von Nachrichtenmeldungen.

Bei der Gelegenheit: Auch bei privaten Radiosendern, die sich in erster Linie über die Musik, die sie spielen, definieren, wird den Nachrichten allergrößte Aufmerksamkeit geschenkt. Nachrichten verlangen Wahrheit, Zuverlässigkeit und Seriosität. Sind sind eine ernste Sache, derer sich alle bewusst sind.

Da auf meiner Visitenkarte »Unterhaltungschef« stand, war ich in der Pflicht, für die entspannten Momente im Programm zu sorgen. Also »Good News« statt »Fake News«. Auf der Suche nach einer überzeugenden Comedy-Serie setzte ich auf die Schauspielerin Ursula Staack, der ich die Rolle einer Putzfrau quasi auf den schönen Leib schreiben ließ. Sie mimte eine echte »Berliner Schnauze«, die jeden Morgen mit ihrem Staubsauger die Sendung störte und das aussprach, was den Leuten auf der Seele brannte, um abschließend mit »Jetzt rooch ick erst ma eene« wieder an die Arbeit zu gehen. Simples Konzept, aber es sind die kleinen Laster und menschlichen Eigenheiten, in denen sich jeder wiederfindet und die Nähe zum Hörer schaffen – das hatte ich schon als Kind bei Hans Rosenthal und Peter Frankenfeld so empfunden.

Um die musikalischen Erinnerungen unserer Hörer auch im Westen der Stadt zu wecken, holte ich Chris Howland, den früheren Moderator der Sendung »Musik aus Studio B«, zu uns. Und ich aktivierte Hartmut Schulze-Gerlach als Wochenendmoderator. Leider konnte ich Muck nicht auf Dauer gegen die Aversionen meines Programmchefs durchsetzen, musste wieder einmal das Arschloch sein und ihm kündigen.

Haddaway »What is Love« (1992)
Ace of Base »All That She Wants« (1992)
Dr. Alban »Sing Hallelujah« (1993)

Im Mittelpunkt Berlins

Als wir im Frühling 1993 Erichs Rundfunkreservat in der Nalepastraße verlassen konnten, bezogen wir unsere neuen Redaktionsräume und Studios in der Mitte Berlins, in der Leipziger Straße. Zwischen einer *Altberliner Gaststätte* und einem Schreibwarenladen prangte unser Logo über dem Eingang. In den Räumen unseres neuen Studios hatte es bis zur Wende sogenannte Bückware gegeben: schicke Schuhe für jeden Anlass. Jetzt stand hier die neueste digitale Technik in einem modernen Newsroom, an dessen Ende sich zwei parallele Sendestudios und eine Sprecherkabine befanden. Die gesamte Redaktion war in einem lichtdurchfluteten Großraumbüro untergebracht. Na, das gab ein Hallo. Heraus aus den dunklen Kuschelecken der vielen Büros in eine luftige, offene und moderne Atmosphäre. Direkt vor unserer Fensterfront rauschte der Verkehr zwischen Alex und Potsdamer Platz, der noch eine große Brache war, weit entfernt davon, ein weltstädtischer Mittelpunkt zu werden.

Es herrschte Endzeit- und Aufbruchstimmung zugleich. Auf der einen Seite bewirkte der Bruch in den Lebensläufen der Menschen noch immer Verunsicherung, denn die Veränderungen waren noch nicht zu Ende. Das konnten wir hautnah miterleben. Vor der Zentrale der Treuhand, fast in Sichtweite zu unseren neuen Studios, veranstalteten damals diejenigen, die sich ihrer Zukunft beraubt sahen, wieder Montagsdemos. Zeitgleich gründeten sich andererseits viele kleinere Firmen in den Nischen, die durch die Arbeit der Treuhand entstanden waren. Fast schon zynisch, dass in dieser Zeit der ostdeutschen Verunsicherung Gewinnspiele in allen Facetten und über alle Kanäle viel Geld und ein gutes Leben versprachen.

Gewinnspiele als Marketinginstrument waren vielen Menschen, gerade im Osten, noch neu, und so ließ sich große Aufmerksamkeit mit ihnen erzielen. Der Konkurrenzkampf der privaten Radiosender führte dazu, dass sie zu perfektionierten Gewinnspielstationen wurden. Trotz der Gefahr eines schleichenden Verlustes an Glaubwürdigkeit und Seriosität feuerten die immer gutgelaunten Animateure der privaten Sender ihre inhaltslosen, aber gewinnversprechenden Worthülsen nach jedem zweiten Song in den Äther. Aus dieser Zeit stammt der Begriff: marktschreierischer Hörerkauf. Um nicht leise ins Abseits gedrängt zu werden, mussten wir irgendwie mithalten, wollten aber ein bestimmtes Niveau nicht unterschreiten. Das war ein schwieriger Spagat, den wir mit Unterstützung von Günther Jauch ganz gut hinbekommen haben.

Unser Beitrag zur allgemeinen Gewinnspielhysterie hieß »4 gegen alle« und war ein Familiengewinnspiel mit vielen klugen Interaktionen zwischen den Hörern und uns. Wir waren überzeugt: Mehr Berliner Befindlichkeit und Lebensnähe geht nicht. Die Resonanz gab uns recht. Lag es an unseren Gewinnspielen, lag es an unserem Programm – Fakt ist, immer mehr Hörer in ganz Berlin und auch im Brandenburger Umland schalteten den Berliner Rundfunk ein. Den Beleg dafür bekamen wir im Spätsommer 1995, als die neue Media-Analyse veröffentlicht wurde. Wir waren die Nr. 1 in Berlin! Vorbeigezogen an allen anderen mehr oder weniger etablierten Radiosendern der Stadt. Selbst unsere härteste Konkurrenz, der sehr beliebte, ehemals Westberliner Sender Hundert,6 rangierte im Ranking nach uns. Die Freude über unseren Sieg in diesem Wettbewerb, in dem sich die Hörer mehrheitlich für uns entschieden hatten, währte nur kurz, dann flog mir die ganze schöne Geschichte um die Ohren.

Die Fantastischen Vier »Sie ist weg« (1995)
Die Prinzen »Du musst ein Schwein sein« (1995)
Scatman John »Scatman« (1994)

Die Akte

Die unangenehmste Begegnung meines Lebens, vielleicht dem Kontext geschuldet, in dem sie stattfand, war die mit Alexander Gauland. Er war damals Herausgeber der *Märkischen Allgemeinen Zeitung*, somit Gesellschafter bei der Neuen Berliner Rundfunk GmbH, und hatte mich zu sich nach Potsdam in den Verlag bestellt. Der Grund: Es lag eine siebzehnseitige Stasiakte über mich vor und er wollte der Sache auf den Grund gehen. Er hatte sich für die Methode »Inquisitor« entschieden. Dementsprechend verlief das Verhör, in dessen Verlauf er sogar eine ehemalige Kollegin von »Bong« anrief, um sich von ihr bestätigen zu lassen, dass ich über die Annäherung eines Stasimitarbeiters im Kollegenkreis gesprochen hatte. Von den Ereignissen überrascht und geschockt, konnte ich in dieser Situation seinen verbalen Attacken und der Diskriminierung, der ich mich ausgesetzt sah, nichts Würdevolles entgegensetzen. Aus heutiger Sicht eine der widerlichsten Begebenheiten, die ich je erlebt habe. Wie war es dazu gekommen?

Einige Wochen nachdem die aktuellen Quoten der Media-Analyse veröffentlicht auf dem Tisch lagen, warnte mich ein Freund, denn er hatte zufällig einen Aktendeckel mit meinem Namen auf dem Schreibtisch eines Konkurrenten gesehen. Er war sich sicher, da sei etwas im Busch. Dass es eine Stasiakte über mich geben musste, war mir schon klar, den Gedanken, dass der Inhalt mir irgendwie schaden könnte, fand ich absurd. Mit der kindlichen Naivität eines Unwissenden ging ich also zu unserem mittlerweile neuen Geschäftsführer und besprach die Sache. Daraufhin beantragten wir bei der Gauck-Behörde Einsicht in meine Stasiakte.

Als kurze Zeit später ein erstaunlich dünnes Bündel von A4-Seiten auf dem Tisch lag, war ich erschrocken darüber, dass auf dem Deckel IM (Informeller Mitarbeiter) stand. Das konnte ja nicht sein, denn ich hatte jede Zusammenarbeit abgelehnt und war daraufhin unbeschwert meinen Weg gegangen. Was ich nicht sofort realisierte: In diesem Augenblick begann der Horrortrip meines Lebens, der Zusammenbruch von allem, was ich mir aufgebaut hatte. Zunächst war ich zwar überrascht und wollte die Zusammenhänge, wie eine solche Akte überhaupt zustande kommen konnte, ergründen, verstehen und dann aufklären, aber unser Geschäftsführer war panisch. Er verfügte meine sofortige Freistellung und verfasste eine entsprechend undifferenzierte Mitteilung, aus der die komplette Presse nur einen Fakt entnahm: Karney IM. Dass diese Akte endete mit dem Satz: »… Nichteignung. Perspektivlosigkeit. Material ist nicht gesperrt zu archivieren«, interessierte in diesem Moment niemanden.

Der Vorwurf stand im Raum. Während am nächsten Morgen alle Zeitungen mit meinem Elend fett titelten, saß ich zu Hause und verstand nur langsam, wie Rufmord funktioniert, wie es möglich ist, die Presse zu instrumentalisieren, um mit starken Behauptungen unliebsame Wettbewerber ins Aus, mindestens aber in die Defensive zu zwingen. Richtigstellungen erfolgen naturgemäß nicht auf der Titelseite, sondern, wenn überhaupt, irgendwo zwischen Kreuzworträtsel und Wetterbericht. Fakt war, meine angebliche, durch nichts zu belegende Tätigkeit als Informant der Stasi beherrschte den damaligen Berliner Blätterwald und ich musste selbst um meine Rehabilitierung ringen.

Es war Rik De Lisle, der mich am Tag des Super-GAUs morgens als Erster anrief und mir sagte: »Egal, was da los war, wenn du Unterstützung oder Beistand brauchst, ruf mich an. Kopf hoch, Alda.« Er ist ein alter Medienprofi, hatte beim AFN (American Forces Network, dem amerikanischen Soldatensender in Deutschland) gelernt, wie man die Macht der Medien nutzen kann, und kannte die Mechanismen und die Skrupellosigkeit in unserem Geschäft.

Familie, Freunde, Kollegen, Reputation, Image, Karriere, alles, wirklich alles in meinem Kosmos stand in diesen Tagen auf der Kippe. Wochenlang kreiste alles nur um diese lächerlichen Aufzeichnungen des Stasimitarbeiters, der mich seinerzeit aufgesucht hatte und dem ich ein klares »Nein, das mach ich nicht« entgegnet hatte. Aber warum stand da jetzt dieses Mistwort, dieses meine Vergangenheit beschmutzende Kürzel IM?

Die Akte Karney

2. Teil

Von MARLIES KOHRT | Bericht über ein weiteres | ganisation sich dafür … hen begründete Chancen

Es gab eine Erklärung, ich habe sie erfahren und einzig die BILD sah glücklicherweise in meiner Geschichte eine tragende Story, die sie über einige Tage hinweg erzählte. Meine komplette Akte wurde in Fortsetzungen und redaktionell aufgearbeitet abgedruckt. Wie sich herausstellte, besaß die BILD sogar einige Seiten der Akte, die ich oder der Berliner Rundfunk nicht bekommen hatten. Etwas, was ich an der Arbeit der damaligen Gauck-Behörde bis heute nicht verstehe. Die Redakteure der BILD recherchierten und fanden sogar den Mann, der diese Akte angelegt hatte, und er bestätigte alle von mir zu meiner Verteidigung hervorgebrachten Fakten. Aber wer glaubt einem ehemaligen Berufstäuscher und Spion?

Die Auseinandersetzung mit dem Berliner Rundfunk über meine Freistellung und trotz erwiesener Nichtigkeit der Vorwürfe drohende Entlassung fochten Rechtsanwälte aus. Es ging bald nicht mehr um den Vorwurf, den hatten alle Zeitungen, wie gesagt, direkt neben dem Wetterbericht aufgeklärt, es ging bald nur um arbeitsrechtliche Fragen. Eine der angesehensten Westberliner Kanzleien und ein Ostberliner Anwalt hatten sich meiner angenommen und mich bestens beraten. Die Kanzlei aus dem Westen war eine taktische Maßnahme gewesen, denn es stand zu befürchten, dass wenn Ossis in dieser brisanten Thematik gewissermaßen sich selbst verteidigten, die gewieften Herren an der Seite unserer Gesellschafter erneute Verschwörung witterten.

Mein Ostberliner Anwalt kannte die Materie und lieferte die einfachste und plausibelste aller Erklärungen für diesen begonnenen IM-Vorgang. Die Genossen des Ministeriums für Staatssicherheit hatten, wie alle Werktätigen in der DDR, einen Plan zu erfüllen und eine Anzahl von Anwerbungen zu bringen. Mein umgänglicher Plauderton bei den Besuchen hatte den Stasimitarbeiter zu der Überzeugung gebracht, er könne mich zu einer Verpflichtung bewegen. Er hatte alles vorbereitet und mich quasi schon als Erfolg seinem Vorgesetzten gemeldet. Meine eindeutige Absage hatte ihn deshalb so erschrocken und er hat den Vorgang still und heimlich geschlossen.

Was sich zwischen den beiden Deckeln dieser Akte nicht fand waren Berichte über mich. In all den Jahren müssen doch von den heimlichen Mithörern Unmengen an Informationen über all die Respektlosigkeiten und kritischen Diskussionen, politischen Witze und dergleichen niedergeschrieben worden sein. Ich kenne heute einige der Namen, weiß mittlerweile, wer im Kollegenkreis als Informeller Mitarbeiter tätig war, aber es gibt keine Aufzeichnungen. Nicht dass ich sie lesen wollte, aber es wundert mich schon.

Solidarität – ich hatte dieses Wort in der DDR gelernt und oft genug mit leeren Phrasen bei FDJ-Veranstaltungen und anderen Gelegenheiten gefüllt – gehörte zum Vokabular der Medien, des Staatsapparates und sollte die innere Verbundenheit mit unterdrückten Völkern dieser Erde ausdrücken. In den Tagen nach meiner Freistellung erfuhr ich die uneingeschränkte Solidarität von Hunderten Hörerinnen und Hörern. Ihnen ging es nicht um ihren »Schrippenshow«-Moderator. Für viele aufgebrachte, enttäuschte, entsetzte, aber auch ratlose Hörer waren fünf Jahre nach der Wiedervereinigung die Geschehnisse im Berliner Rundfunk Anlass, sich Luft zu machen, sich kritisch und konstruktiv mit der vollzogenen Einigung auseinanderzusetzen.

In unzähligen Zusendungen ist zu lesen, wie die ehemaligen DDR-Bürger den Umgang mit einem ihrer Landsleute bewerteten. In klugen und aufrüttelnden Worten schrieben die Menschen ihre Gedanken zum Umgang mit dem ostdeutschen Erbe im vereinten Deutschland auf. Die überwältigende Menge an Briefen, Postkarten und Faxen, die auf den Berliner Rundfunk einstürmte, haben mir Freunde aus dem Kollegenkreis entgegen der Anweisung zusammengestellt und zukommen lassen. Es sind spontane Gedanken, nicht von schwafelnden Politikern auf Feierstunden oder Journalisten in bunten Jubiläumssendungen, sondern von den Menschen, die betroffen waren. Damit erhielten die Verantwortlichen im Berliner Rundfunk eine aktuelle Zwischenbilanz in Sachen »Wir sind ein Volk«. Ein Fazit der deutschen Einheit nach fünf Jahren.

Mittlerweile sind wir dreißig Jahre vereint und haben uns an das hohe Gut der Demokratie, an die Macht der Medien und an Meinungsbildung durch Polemik derart gewöhnt, dass wir kaum noch aufbegehren, wenn wir manipuliert werden. Für mich als Ostdeutschen ist allein die Wertschätzung unserer Freiheit tägliche Pflicht. Wenn ich am Mikrofon stehe, bin ich glücklich und dankbar für die Möglichkeiten, meine Leidenschaft ohne politisch motivierte Einschränkungen ausüben zu können.

Robert Miles »Children« (1995)
Ben E. King »Stand by Me« (1961)
DJ BoBo »Freedom« (1994)

Landeswelle auf die Schnelle

Er war ein Pionier des deutschen Privatfunks. Der erste landesweite deutsche Privatsender, R.SH (Radio Schleswig-Holstein), weist eine bis heute andauernde Erfolgsgeschichte auf. Dessen Gründer Hermann Stümpert zog es mit der Einheit in Richtung Osten ins Radio-Neuland Brandenburg, der Sonne entgegen wollte er blühende Landschaften mit einem regionalen Programm beschallen. Er gründete Ende 1993 BB Radio, die Landeswelle Berlin-Brandenburg, ein Konstrukt mit Lokalstationen in verschiedenen Städten Brandenburgs. Das Modell wurde aus Nordrhein-Westfalen, dem Partnerland Brandenburgs, adaptiert und sollte auch in der wirtschaftlich eher schwachen Mark ertragreich funktionieren. So weit die Idee. Hermann Stümpert sendete aus Potsdam ein Mantelprogramm mit Musik und Moderation, das einmal stündlich unterbrochen wurde für Meldungen und Werbung aus der Region. Die Inhalte und die Vermarktung dieser Fenster oblagen sogenannten Lokalpartnern, und das war auf Dauer das Fatale daran.

Ein harmonisches Programmkonzept mit diesen wiederkehrenden völlig fremd klingenden Regionalfenstern, in denen Werbeplatz verschleudert wurde, war für die Hörer in weiten Teilen nicht klar erkennbar, zudem führte die

Low-Budget-Politik Stümperts nicht zum nötigen Durchbruch. BB Radio stand im Ranking der Radiosender in der Region auf dem letzten Platz. Mit Startnummer zweiundzwanzig, so viele Sender gab es bereits 1995 in Berlin und Brandenburg. Mit dem Konzept »Wir gründen einen Sender mal auf die Schnelle« fuhr der Sender unternehmerisch dem Hauptfeld hinterher. Ein belächelter Außenseiter. Laut Media-Analyse waren es zweiunddreißigtausend Hörerinnen und Hörer, die durchschnittlich pro Stunde an einem Wochentag einschalteten, zu wenig, um sie gewinnbringend zu vermarkten. Dafür gaben die Werbekunden kein Geld aus. Obwohl alle Mitarbeiter ihr Bestes gaben, war das nicht genug. Hermann Stümpert war kurz davor, den Sendebetrieb einzustellen.

Nachdem der Eklat um mich mit dem Berliner Rundfunk öffentlich ausgetragen worden war, wunderte es nicht, dass auch Hermann Stümpert sich bei mir meldete und wir uns zu Sondierungsgesprächen trafen. Das blieb der Presse nicht verborgen, und die Titelstorys lauteten jetzt: »Radiokrieg, Kampf um Karney«. Der Berliner Rundfunk machte Angebote, mich wieder als Morgenshow-Mann *Auf Sendung!* zu lassen, BB Radio machte Gegenofferten. Dann begannen sich die Sender gegenseitig zu beharken, fast alles öffentlich in den Boulevardzeitungen ausgetragen. Hinter den Kulissen gab es geheime Treffen. Die Füchse der jeweiligen Rechtsabteilungen übertrafen sich täglich mit neuen Spitzfindigkeiten. Die Leitungen der Faxgeräte und Telefone glühten.

In dieser bizarren Situation, trotz dieses »Radio Ga Ga«, begann ich langsam, mich zu entspannen. Es gibt Schlimmeres, als so heftig umworben zu sein. Die Liebe zum Berliner Rundfunk, dem ich Tage, Nächte und Jahre gegeben hatte, war schlicht erloschen. Ich hätte dort keine einzige unbefangene Sendung mehr machen können. Welche großartige Chance zum Neuanfang hingegen boten Hermann Stümpert und BB Radio. Das wollte gecheckt sein.

Aber erst mal checkten sie mich. Die großen Gesellschafter von BB Radio waren damals schon Burda und die AVE, eine Tochter des Holtzbrinck-Konzerns. Während man meiner Kompetenz und Loyalität bei einem italienischen Essen in Hannover auf den Zahn fühlte, recherchierten die Redakteure des Burda-Nachrichtenmagazins *Focus* und fanden bei ihren Nachforschungen bestätigt, dass ich in der DDR auf der Seite der Guten gestanden hatte. Bei einem Gespräch in Potsdam wurden letzte Zweifel ausgeräumt, und so lief alles auf eine zukünftige Liaison mit dem BB Radio hinaus.

Queen »Radio Ga Ga« (1984)
Take That »Back for Good« (1995)
Spice Girls »Wannabe« (1996)

Kellerkinder

Hermann Stümpert hat stets mit offenen Karten gespielt und mir nichts vorgemacht. Er wollte, dass ich den Sender sehe, bevor ich irgendetwas zusage. Denn mit meinem Namen hatte er neue Gesellschafter, sprich Geldgeber gefunden, durch die er sich neu aufstellen konnte. Also auf nach Potsdam-Babelsberg, in die neu erwachte Medienstadt, von der, wie sich herausstellte, BB Radio damals meilenweit entfernt lag.

Ein schlichtes, vielleicht ein wenig zu schlichtes Mietshaus an einer belebten Straße. Durch den Hausflur zum Hinterhaus. Im Hof Gras, kein Rasen, sondern partiell Gras, teilweise sogar Grün mit etwas Bauschutt sowie Container für Bauschutt. Im Hintergrund rauschten die Autos auf der Nutheschnellstraße vorbei. Halbe Treppe hoch, eine altdeutsche Wohnungstür mit Klingelschild. *Ah,* dachte ich, *hier wohnt also dieses BB Radio.* Understatement, auch ein Weg.

Eine ganz normale Dreieinhalb-Zimmer-Altbauwohnung, Flur, Küche, Bad und Radiosender. Das Sendestudio befand sich im ehemaligen Schlafzimmer, die Redaktionsräume waren über die anderen Räumlichkeiten verteilt. Vollgestopft mit Technik, sah es aus wie in der geheimen Schaltzentrale eines Piratensenders. Eine steile Stiege führte ins Souterrain, wo die Prokuristin und eine Empfangssekretärin, deren Bereich überhaupt nicht einladend wirkte, ihren Tätigkeiten nachgingen. In der gesamten Wohnung herrschte, der Enge geschuldet, ein emsiges Treiben wie in einem Ameisenhaufen. Wahrscheinlich davon angezogen, hatten echte Ameisen ihre Straßen direkt hinter den Schränken der eifrigen Kolleginnen angelegt. Vom Fensterbrett durch den Ordner mit den offenen Rechnungen hindurch, um sich dann hungrig geblieben auf der anderen Seite des Raumes unter der Tapete den Kleister zu holen. Vor den Fenstern schaukelten Käfer und anderes Getier gemütlich auf Grashalmen. Wimmelte, zappelte und krabbelte hier meine Zukunft direkt vor meiner Nase? Tolle Aussichten. Wollte und konnte ich die Herausforderung annehmen und diesen Sender aus dem Untergrund, wo BB Radio auch quotenmäßig lag, in die obere Etage führen? Denn nur darum ging es.

Es war das unvoreingenommene, offene Gespräch mit der damaligen Prokuristin Katrin Müller, deren aufrichtige

Leidenschaft für diese Unternehmung mich darin bestärkte, mich auf dieses Abenteuer einzulassen. Ihr offensichtlich unerschütterlicher Glaube daran, dass das Gute siegen muss und sie in mir das Gute sah, war der letzte kleine Anstoß, den ich gebraucht hatte. Nach dem ganzen ziellosen und defensiven Taktieren wollte ich wieder zur Attacke übergehen. Ja, ich wollte es allen zeigen, und dabei war Katrin Müller die erste von zwei Katrins, mit denen ich diesen Sender zum Marktführer machen wollte. Alles darunter war keine Option.

Katrin Helmschrott, mit der ich schon beim Berliner Rundfunk eng zusammengearbeitet hatte und die eine echte Freundin geworden war, feierte Hochzeit. Gelebte deutsche Einheit mit einem Westberliner Kollegen. In ihrer unerschrockenen, pragmatischen Art gab sie an diesem Tag gleich zwei Männern ihr Jawort: natürlich ihrem unendlich geduldigen Gatten – und mir. Denn Hermann Stümpert, der es gewohnt war, mit allen Mitteln Budget einzusparen, stellte sich vor, dass ich Morgenshow-Moderator, Programmdirektor und Geschäftsführer des Senders in Personalunion wäre. Dazu konnte ich nur wieder sagen: »Nö, mach ich nicht.«

Bevor irgendwer auf die Idee kam, mir einen Geschäftsführer vor die Nase zu setzen (ein mir wohlbekannter Herr aus dem tiefsten Bayern war schon im Standby-Modus), musste ich handeln. Es gab nur eine erfolgversprechende Option: Katrin Helmschrott, die das Marketing beim Berliner Rundfunk mit sicherem Gespür für Land und Leute führte. Wir kannten den Osten, wir wussten, wie die Menschen ticken, und wir tickten im Gleichklang mit ihnen.

Also nutzte ich ihre Hochzeit trickreich aus, schenkte dem Brautpaar einen Auftritt des berühmten »Zauberpeter« vom Schloss Kuckuckstein aus dem Ostfernsehen, und während die Gäste seinem Zauber erlagen, holte ich mir mein Ja von der Braut.

Backstreet Boys »Get Down« (1996)
Paul McCartney »Hope of Deliverance« (1993)
4 Non Blondes »What's Up?« (1993)

Antrittsbesuch

Unser erstes offizielles Zusammentreffen mit unseren Gesellschaftern fand in Hannover statt. Im historischen Anzeiger-Hochhaus residierte der Aufsichtsrat der AVE, und hierhin wurden wir eingeladen, um uns zu präsentieren. Auch in Hannover gibt es Büros, groß wie Tanzsäle und mit noch größeren Tischen als in der alten Nalepastraße. Davon wenig beeindruckt, absolvierten Katrin Helmschrott und ich unseren Antrittsbesuch mit forscher Unerschrockenheit. Das hat, wie im Nachhinein zu erfahren war, bei dem einen oder anderen einen nachhaltigen Eindruck hinterlassen.

Zunächst der kurze Ossi, designierter Programmdirektor, der seinen gesichtsprägenden polnischen Autoschieberbart mit der gleichen Selbstverständlichkeit trug wie die Gewissheit, dass die Herren die beste Wahl getroffen hatten. Ähnlich überzeugend, zusätzlich mit dem Bonus ihrer Weiblichkeit ausgestattet, schwebte Katrin im – für dieses offizielle Ereignis zu kurzen – Rock an die Seite des Vorsitzenden und Wortführers dieses Gremiums. In meiner Erinnerung sprach der Vorsitzende, Herr von Poser, bisweilen von »wir«, auch wenn er sich selbst meinte. Gleichermaßen beantwortete er Fragen, die er mir stellte, meist auch gleich selbst. Genau genommen eine Reihe von rhetorischen Suggestivfragen. Hermann Stümpert übrigens lächelte etwas spitzbübisch zu allem, ich mochte ihn. Die anderen Herren lernte ich im Laufe der kommenden Zusammenarbeit kennen und bis heute schätzen.

Katrin musste an diesem Tag besonders überzeugend gewesen sein, denn, mit Nachdruck von mir empfohlen, hatte sie es sicher in dieser maskulin geprägten Runde bedeutend schwerer als ich. Vielleicht gewannen wir nicht die Herzen, aber auf jeden Fall das Vertrauen der Gesellschafter, und darauf kam es an. Vielleicht überzeugte die Synthese der ungebremsten Kreativität mit der pragmatischen Vernunft. Das Power-Team an der Spitze von BB Radio konnte an den Start gehen.

Anlässlich eines großen Dinners, zu dem der bereits erwähnte Vorsitzende einmal im Jahr einlud, lernte ich auch die Spielchen der Macht kennen. Als vermeintlicher Hoffnungsträger aus dem Osten durfte ich direkt links neben dem Gastgeber sitzen, was allen meine Stellung »bei Hofe« zeigen sollte. Die Wertschätzung, die man Hermann Stümpert entgegenbrachte, wurde darin deutlich, dass er am Ende des Tisches, quasi im symbolischen Abseits saß.

Das muss man sich erst mal verdienen, dachte ich. Als ich ein Jahr später auf die ernste Anmerkung des Vorsitzenden: »Wir hören, Sie übernehmen nicht mehr unsere Nachrichten und machen eigene in Potsdam – das möchten wir nicht«, antwortete: »Doch«, hatte ich es geschafft und saß nie wieder links vom Vorsitzenden.

Die Toten Hosen »Zehn kleine Jägermeister« (1996)
La Bouche »Be My Lover« (1995)
Fools Garden »Lemon Tree« (1995)

Oldies, Schlager, gute Laune

Jeder Sender braucht einen griffigen Slogan, damit die Hörer wissen, was sie erwartet, wenn sie auf seiner Frequenz landen. Der Slogan oder Claim für den Neustart oder, wie es im Fachjargon heißt, »Relaunch« von BB Radio am 1. Januar 1996 lautete: »Oldies. Schlager. Gute Laune«.

Alle Verträge waren unter Dach und Fach, die Weichen in eine rosige Zukunft gestellt. Ausgerechnet ich, der ausgesprochene Beatles- und Rockmusik-Fan, war nun Programmdirektor und Morgenshow-Moderator eines Schlagersenders. Das tat weh. Doch ich musste hart sein, denn es war notwendig, mit einem Paukenschlag große Aufmerksamkeit auf unsere kleine Radiostation zu lenken. Da es keinen weiteren ausgewiesenen Schlagersender in der Region gab, füllten wir ab sofort diese Lücke aus. Mein musikalischer Alptraum wurde wahr.

In rühriger Erinnerung an meine Kindheit mit Manuela, Rex Gildo und Vicky Leandros sendete und »verkaufte« ich voller Inbrunst alles, was das Format hergab. Als dann die Schlagerfabrikanten und deren Promoter auf uns aufmerksam wurden, lernte ich viele Stars der Branche auch persönlich kennen, und so ist die Begegnung mit Vicky Leandros, in die ich als Teenager verliebt und mit deren Doppelgängerin in Ostberlin ich verlobt gewesen war, nur eine der zahlreichen angenehmen Erinnerungen an diese Zeit.

Zunächst einmal galt es, die relativ kleine Redaktion auf den neuen Kurs zu bringen und so zu strukturieren, dass wir mit unserer überschaubaren Truppe dennoch viel erreichen konnten. Natürlich hatte sich die Hinterhof-Gang längst organisiert und in ihrem Redaktionswohnzimmer gegen alles Neue verschworen. So hörte ich, wenn es um Veränderungen ging, oft die Litanei der Resistenz: »Das haben wir immer so gemacht«, oder: »Bei uns läuft das aber so und so.« Es hat auch nicht lange gedauert, dann entgegnete jemand, wie in solchen Situationen üblich, meine absolute Nummer eins aller Einwände: »Ja, aber …« Mittlerweile habe ich übrigens eine starke »Ja, aber …«-Ablehnung entwickelt.

Seinerzeit blieb ich einfach stur, wenn es darum ging, alte Zöpfe abzuschneiden, denn ich war nicht zum Kuscheln angetreten. Als Programmdirektor steht man nicht weit oben im Beliebtheitswettbewerb, als Morgenmoderator schon. Da ich beide Jobs ausübte, war ich nicht leicht einzuschätzen für die neue Mannschaft. Ein Moderator verließ den Sender fluchtartig direkt nach meinem »Hallo erst mal«. Andere hielten es etwas länger aus, bevor auch sie den Sender verließen. Die meisten aber standen es durch, und wir wurden ein kleines, schlagkräftiges Kellerteam mit einer wunderbaren Vision. Nach eineinhalb Jahren wurden wir belohnt mit steigenden Hörerzahlen.

Kleinere Rückschläge, wie die Tatsache, dass eine wirklich tolle Moderatorin vom Konkurrenten rs2 in Berlin einfach abgeworben wurde, konnten mich nicht aufhalten. Reisende soll man ziehen lassen. Getrieben vom Ehrgeiz, nicht als Verlierer in den Annalen der ostdeutschen Radiogeschichte zu enden, und besessen von der Idee, Marktführer zu werden, ließen mein Team und ich nichts aus, um jeden Hörer einzeln zu gewinnen.

Während ein Konkurrent in Berlin vier Leute in einen Mercedes sperrte und zehn Meter über dem Erdboden aufhängte, um abzuwarten, wer es am längsten im Auto aushält, riefen wir eines Morgens spontan unsere Hörer zum Radiotausch auf. Motto: Bringt euer altes, wir schenken euch ein neues BB Radio. Die Radio-Tauschaktion im Potsdamer Stern-Center war die größte Massenansammlung, die das Center bis dahin erlebt hatte. Wenn ich an die Begrüßung denke und die Herzlichkeit, die mir entgegenschlug, als ich die eilig errichtete Bühne betrat, bekomme ich noch heute eine Gänsehaut. Hier zeigte die Verbindung Geschäftsführung und Programmdirektion wieder ihre Stärke. Katrin Helmschrott hielt uns den Rücken frei, inspirierte und trieb zu Höchstleistungen an. Sie hatte es geschafft, einen Sponsor zu finden, der uns die Radios zur Verfügung stellte und außerdem noch die Medialeistung bezahlte. So konnte es weitergehen.

An meinem erfolgreichen Prinzip, nicht nur gute Ideen zu entwickeln, sondern auch kampferprobte Unterhalter ins Boot zu holen, hielt ich auch bei der Gestaltung des neuen BB Radio-Programms fest. Ein Weggefährte aus früheren Tagen, den ich heranzog, war der Unterhaltungskünstler und Entertainer Beppo Küster, der mit nicht zu bremsenden Engagement und unbändiger Fantasie am Sonntagvormittag eine Trödelsendung moderierte, in der Hörer ihr altes Zeug vom Dachboden oder Keller anboten. Beppo arbeitet schon immer sehr korrekt und hat einen so hohen Anspruch an sich selbst, dass er für andere anstrengend ist. Das habe ich sehr gern ausgehalten und denke mit Freude an die Zeit zurück, als Beppo uns unterstützte.

Ich nahm zu Carsten Weidling Kontakt auf und wir stiegen hinab in mein Kellerbüro, wo eine hoffnungsvolle kreative Zusammenarbeit ihren Anfang nahm. Carsten bot sich als Comedy-Autor an und hatte bereits eine Menge aufgeschriebener Ideen dabei. Bei der Gelegenheit muss es zum ersten Mal passiert sein, denn noch heute erinnern wir uns beide amüsiert daran, dass ich mit todernstem Gesicht seine Comedy, Moderationen und Gags las und dann, ohne auch nur ein Grinsen zu zeigen, zu ihm sagte: »Das ist witzig.« Darüber lachen wir noch heute.

Wir entwickelten gemeinsam den Rahmen für zwei Comedy-Serien, die Carsten lange Zeit für uns täglich schrieb. Eine hieß »Du, Papa« und war der morgendliche Anruf meiner fiktiven kleinen Tochter, gesprochen von der Komikerin Leni Statz. Die kleinen humorigen Wortgeplänkel endeten immer mit: »Du, Papa, eine Frage habe ich noch: Wo kommen eigentlich die Babys her?«, woraufhin ich jedes Mal neue Ausflüchte suchte. Das war schnell sehr beliebt und hatte nahezu Kultcharakter.

Marcus Zander, mit dessen Vater Frank mich einiges verband, veröffentlichte für BB Radio einen CD-Sampler mit den Highlights unseres Programms. Ein prima Marketing- und Werbeinstrument für uns, denn Downloaden und Streamen von Musik war noch nicht erfunden, das Internet machte gerade seine ersten wackeligen Schritte.

Bürger Lars Dietrich »Sexy Eis« (1996)
Wolfgang Petry »Scheißegal« (1995)
Andy Borg »Schenk mir eine Sommerliebe« (1995)

Hoch und hinaus

Nach drei Jahren unermüdlicher Arbeit gewissermaßen aus dem Untergrund heraus stiegen wir in doppelter Hinsicht auf. Zum einen entwickelten sich die Quoten äußerst positiv in den sechsstelligen Bereich hinein, zum anderen verließen wir Souterrain und Wohnzimmerredaktion und zogen in ein auf unsere Bedürfnisse zugeschnittenes Sendezentrum im vierten Stock eines modernen Geschäftshauses. Mit Übersicht und Übermut planten wir die verrücktesten Aktionen, wandelten unser Programm langsam, aber sicher in Richtung jüngere Zielgruppe und wurden zu ernsthafter Konkurrenz für die anderen Sender in Berlin-Brandenburg.

An einem 1. April gelang uns ein wirklich einmaliger Aprilscherz. Wir tauschten mit Radio Energy in Berlin die Moderatoren der Morgenshow. Meine Co-Moderatorin und ich moderierten also die Energy-Morgenshow und die beiden aus Berlin führten durchs Morgenmagazin von BB Radio. Wir erzählten den Hörern, dass unsere Gesellschafter einen Transfer-Deal eingegangen wären, wie er im Sport absolut üblich sei, und sie nun mit anderen Moderatoren leben müssten. Strategischer Hintergrund war natürlich, BB Radio in Berlin ins Gespräch zu bringen, was uns auch sehr gut gelang. Merke: Beim Radio passiert so gut wie nichts, ohne dass eine strategische Idee dahintersteckt. Aber wenn's allen Spaß macht, ist doch gut, oder?

Um wirklich jeden Hörer in jedem Winkel Brandenburgs zu erreichen, charterten wir für vier Wochen einen Hubschrauber, mit dem ich jeden Morgen in einer anderen Stadt oder einem anderen Dorf landete. Die Aktion hieß »Karney kommt«, und da, wo ich hinkam, verteilte ich Flugtickets und Fernreisen an unsere Hörer. Selbst in den entlegensten Ecken unsers Sendegebietes ließ ich mich blicken und warb mit teuren Geschenken um die Gunst der Brandenburger. Wir brauchten Aufmerksamkeit und neue Hörer, denn wir hatten uns längst vom Schlager wegentwickelt und spielten aktuelle Hitparaden-Popmusik und Hits aus den Achtzigern. Wir gaben uns ein freches Image, verbesserten die lokale Berichterstattung und zeigten uns, wann immer es ging, bei unseren Hörern. Auf Stadt- und Dorffeste fuhren wir mit einem riesigen amerikanischen Dreißig-Tonnen-Truck, um Präsenz zu zeigen. Aus dem Auflieger wurde eine Bühne herausgefahren und wir verkündeten mit viel Spaß und Spiel unsere freudigen Botschaften.

Mit Blick auf die kommende Media-Analyse liefen wir zur Höchstform auf. Meine Motivation war, unter die Top Drei aller Radiostationen zu kommen. Fast wie besessen war ich darauf fokussiert. Je näher dieses Ziel in Sichtweite kam, umso schonungsloser habe ich mich gefordert und, wie sich viel später herausstellen sollte, auch überfordert. Ich stand täglich fast vierundzwanzig Stunden lang unter Spannung. Da ich die Morningshow unbedingt live aus dem Studio in Potsdam Babelsberg senden wollte, begannen meine Arbeitstage um vier Uhr morgens und endeten oft nicht vor einundzwanzig Uhr. Dazwischen lagen unzählige Verpflichtungen als Programmdirektor, die oft bis in das Wochenende hinein reichten. Wir hatten die Hörer- und Kundenbindung sowie die internen Entscheidungsprozesse derart auf mich zugeschnitten, dass eine Dauerpräsenz nötig geworden war. Jedenfalls glaubte ich das, denn die Kunst des Delegierens hatte ich zu diesem Zeitpunkt noch nicht gelernt.

Was ich mir zumutete, erwartete ich auch von meinen Mitarbeitern und so entwickelte ich einen Kontrollzwang, der einem entspannten Arbeitsklima nicht zuträglich ist. Wegen meines rigorosen Führungsstiles verloren wir gute Leute, durch deren selbstloses Engagement wir erst so weit gekommen waren. Heute rede ich offen und unbefangen darüber, denn ich habe die wirklich schmerzlichen Momente eines professionellen Coachings erlebt, in denen mir ein außenstehender Betrachter mein Verhalten und meine Reaktionen sachlich und gnadenlos um die Ohren gehauen hat. Zunächst habe ich es gehasst, dann aber über Jahre dankbar entgegengenommen. Nur durch die vielen Gespräche, in denen mein persönlicher Coach mir immer wieder den Spiegel vorhielt, mich zwang, über mich und die Wirkung meines Verhaltens nachzudenken, bin ich heute in der Lage, Aufgaben vertrauensvoll zu delegieren, mit Empathie zu leiten und zu lenken, ohne ständig anderen den Spaß an der Arbeit zu nehmen.

Für uns Radiomacher ist die MA, die Media-Analyse,

das Maß der Dinge, denn sie ist die Basis für kommerziellen Erfolg. Die Werbung orientiert sich daran und entscheidet, wohin die Millionen fließen. Nachdem Tausende von Telefonbefragungen ausgewertet sind, folgt der Tag der Tage, an dem diese Analyse veröffentlicht wird. Im Sommer 2002 brachte Punkt neun Uhr morgens ein Bote einen dicken Berichtsband mit der jährlichen Auswertung. Dann folgte wie jedes Jahr dasselbe Ritual. Alle standen um die Chefin herum und warteten gespannt, bis sie die Seite mit »Hörer gestern« gefunden hatte. Dort steht die Zahl, die Auskunft darüber gibt, wie viele Menschen an einem durchschnittlichen Tag in einer durchschnittlichen Stunde welchen Radiosender gehört haben. Das ist unsere Währung, mit dieser Zahl verdienen wir unser Geld.

Im Jahr 2002 war BB Radio der erste Sender in Berlin-Brandenburg, der eine noch nie dagewesene Zahl von zweihundertsiebenundvierzigtausend Hörern in der Durchschnittsstunde erreichte. Bis heute hat keine Radiostation in dieser heißumkämpften Region jemals wieder so ein Ergebnis hingelegt.

Das war mein Tag der Befreiung. Während »We are the Champions« von Queen durch die Redaktion dröhnte, trank ich, befreit von einem Trauma, das mich über Jahre hinweg an meine Grenzen gebracht hatte, in wenigen Minuten eine Flasche Champagner allein aus und war danach im Vollrausch kaum noch ansprechbar. Ich wollte einfach diesen Augenblick für mich allein. Im Nachhinein betrachtet, war das der Moment, in dem sich bei mir mehr und mehr das Gefühl einstellte, dass ich »auserzählt« hatte. Irgendwie war alles mindestens zweimal von mir gesagt worden, plötzlich wurde ich es müde, jeden Morgen die gutgelaunte Moderationsmaschine zu geben. Vielleicht hatte mein Unterbewusstsein signalisiert, dass es genug sei. Mein großes Ziel war erreicht, ich war ausgebrannt und zunehmend uninspiriert.

Im Jahr nach diesem Megaerfolg fiel es mir immer schwerer, mich zu motivieren, bis ich schließlich, fast von heute auf morgen, entschied: Schluss, Aus, Ende mit mir in der Morgenshow. Konsequent wäre gewesen, ganz auszusteigen und aufzubrechen zu neuen Ufern. Stattdessen war ich dann »nur« noch Programmdirektor rund um die Uhr. Außer morgens, da konnte ich wieder ausschlafen.

Ozzy Osbourne »Dreamer« (2001)
Herbert Grönemeyer »Mensch« (2002)
Shakira »Whenever, Wherever« (2001)

Kurzkrimi

In der Radiobranche macht ein geflügeltes Wort die Runde, das für die Workaholics bestimmt ist, deren Leben sich im *Radio around the clock* erschöpft, es lautet: »Es gibt ein Leben nach dem Radio.« Das wollte ich erleben. So stieg ich 2004 wegen permanenter körperlicher Überforderung und kreativer Windstille, die durch Hyperaktivität nicht mehr zu überspielen war, aus dem »radioaktiven« Dienst aus.

Die Nachricht von meinem Rückzug sprach sich schnell herum und es ergaben sich einige Möglichkeiten, um meine erworbenen Fähigkeiten und Erfahrungen zum Einsatz zu bringen. Aufgrund der Erfolgsgeschichte von BB Radio hatte ich eine ordentliche Reputation. Zum Beispiel meldete sich eine TV-Produktionsgesellschaft, deren Geschäftsführer, wie sollte es anders sein, ich von früher kannte. Er setzte die Hoffnung in mich, seine Nachfolge anzutreten. Da ich mir gut vorstellen konnte, damit ein weiteres spannendes Kapitel in meinem beruflichen Werdegang aufzuschlagen, ließ ich mich kurzfristig gedanklich darauf ein. Obwohl ich nur oberflächlichen Einblick erhielt in die Drehbücher, nach denen dieses Geschäft offensichtlich funktionierte, war mir ganz schnell klar, dass dies ein Krimi würde, dessen Ausgang noch nicht geschrieben ist.

Vom ersten Gespräch an konnte ich nicht eruieren, wie die Haupt- und Nebenrollen verteilt waren. Wer vertrat wessen Interessen, wer war von wem abhängig und welche Tabus sind nicht zu brechen, welche aber musste man brechen? Zur weiteren Verklärung fanden Unterredungen statt, die nichts weiter waren als kodierte Andeutungen. Niemals zuvor hatte ich Gespräche geführt, die mehr verschleierten als offenbarten. So eine konspirative Verschlagenheit, die impliziert: *Wir stecken doch alle unter einer Decke – du verstehst?* Wie bei einer SMS, wo nach jedem Halbsatz ein zwinkernder Smiley steht. Sie verstehen? Alles, was ich verstand, signalisierte mir: »Das willst du nicht!« Mein Glück, das aus diesem Verstrickungskrimi mit mir in einer gutbezahlten Nebenrolle nichts wurde, sonst wäre ich Mitwisser oder womöglich Täter von was auch immer geworden.

Viel ungefährlicher und unterhaltsamer waren die Jahre, in denen ich begann, mit Karney Entertainment an den Rädern des Veranstaltungsmanagements zu drehen und ganz nebenbei unaufhörlich meinem Radio-Comeback entgegentrieb.

Nelly Furtado »Powerless (Say What You Want)« (2003)
Wir sind Helden »Denkmal« (2003)
Sido »Mein Block« (2004)

Hits und Stars im Sommergarten

Wie komplex die Aufgaben im Hintergrund von Bühnenprogrammen sind, wusste ich zur Genüge aus eigener Erfahrung als Moderator. Um wie viel spannender die ganze Sache aber wird, wenn man vom Einfall bis zum Schlussapplaus den Hut aufhat, sollte ich nun erleben.

Eine gute Gelegenheit, eine solide Finanzierung vorzulegen, bot sich, als ich mit Karney Entertainment einen großen Auftrag von der Messe Berlin erhielt – es ging um nichts Geringeres als die Internationale Funkausstellung. Die IFA war für uns im Osten in den achtziger Jahren *das* Schaufenster der Unterhaltung gewesen, an dem wir uns die Nase plattdrückten. Neueste Technik und ein unglaubliches Aufgebot an Stars und unkonventionellen Unterhaltungsshows. Legendär die Nachmittage, an denen Gottschalk und Jauch als »Die 2 im Zweiten« gemeinsam den Sommergarten rockten.

Diese Zeiten sind lange vorbei. Sehgewohnheiten und Erwartungen haben sich längst verändert, alle großen Sender hatten sich 2007 endgültig davon verabschiedet, teure Live-Sendungen von der IFA auszustrahlen. Das Unterhaltungsvakuum im Sommergarten unter dem Funkturm musste gefüllt werden, die bunte Nachmittagszerstreuung sollte, wenn auch in kleinerem Rahmen, aufleben. Wenn auch die Dimensionen der achtziger Jahre Fernsehgeschichte waren, mit etwas Pioniergeist, viel Fantasie und einem angemessenen Budget sollte das funktionieren, so die Auffassung der Messeleitung. Da diese Anforderungen genau meinem Leitbild entsprachen und ich aufgrund meiner Erfahrungen mit guten Ideen überzeugen konnte, bekam ich den Auftrag und widmete mich fortan sieben Jahre lang der Programmgestaltung mit der nötigen Hingabe. Getreu dem Motto »Probleme sind Lösungen in der Warteschlange« verhandelte ich oft monatelang mit Agenturen, Managern und Plattenfirmen, um Anfang September ansprechende Programme für fünf Tage auf die Bühne zu bringen. Das musste natürlich immer im Rahmen des Budgets geschehen.

Ein Beispiel, wie schnell man sich dabei verheben kann: Ich wollte unbedingt Jeanette Biedermann und ihre Band dabeihaben, aber der Etat gab es nicht mehr her. Um das Problem zu lösen, war Fantasie gefragt. Da die *TV Spielfilm* unser Medienpartner war, konnten wir vereinbaren, dass Jeanette auf das Cover der IFA-Ausgabe dieser auflagenstarken Zeitschrift kommt. Mit diesem Angebot überzeugte ich Biedermanns Manager Holger Kurschat, Jeanettes Gage meinem Budget anzupassen. Wir vereinbarten den Deal, und falls Jeanette, aus welchen Gründen auch immer, nicht auf dem Cover erschiene, sollte ich fünfundzwanzigtausend Euro zahlen. Als die IFA-Ausgabe erschien, wurde mir hundeelend, denn Jeanette war auf dem Cover der IFA-Beilage, nicht aber auf dem Cover des aktuellen Heftes. Im Eifer des Gefechtes war das Wort »Beilage« untergegangen. Dieser Lapsus hätte mich normalerweise viel Geld gekostet, wenn Holger Kurschat hart geblieben wäre. Ist er nicht, wir konnten uns bei einem Espresso einigen. Ich war sehr froh darüber, dass es in der Branche auch noch Verständnis und Empathie gibt.

Im Laufe der Jahre, in denen ich das Sommergarten-Programm für die IFA zusammenstellte und Künstler buchte, holte ich nahezu einhundert Bands, Sängerinnen und Sänger aus dem In- und Ausland auf die große Bühne mitten in der weltgrößten Elektronikmesse. Unter anderem die Leningrad Cowboys. Bei dem Auftritt der finnischen Kultband gab es viel Wirbel im Backstage-Bereich des Sommergartens. Es begann schon Wochen vorher, als die ersten Dokumente des Managements eintrafen. Die Getränkeanforderungen für die Musiker sahen aus wie die Lieferliste für einen Spätverkauf im Studentenviertel. Meine beiden Partnerinnen von GO! Events, Lydia Goos und Bea Baer, weigerten sich, so viel Alkohol bereitzustellen. Am Auftrittstag der Leningrad Cowboys war der Wodka in den Band-Garderoben bereits um dreizehn Uhr, nach dem Ende des Soundchecks, ausgetrunken. Nachschub musste geordert werden. Trotz oder wegen der stimulierenden Wirkung des finnischen »Landweines« – das Konzert war super und die Stimmung hinter der Bühne auch. Katerstimmung kam erst am Tag nach dem Konzert auf. Denn die Band hatte die einundzwanzig ausdrücklich geforderten Hotelzimmer nicht benutzt und ich hatte bezahlt, ohne dass die Gentlemen darin geschlafen hatten – sie waren ohne Ankündigung mit ihrem Tourbus weitergereist. Zum Wohl oder *kippis*, wie die Finnen sagen.

Als absolut zuverlässigen Profi habe ich Heinz Rudolf Kunze kennengelernt. Völlig unaufgeregt stand er plötzlich im Catering-Zelt, ohne einen Tross um sich herum, der alles besser weiß und meint, ein Künstler findet das Klo nicht allein. Ein sehr angenehmer Mann, dem ich, wie allen, die als Letzte im Programm auftraten, folgende Besonderheit nahebringen musste: Peinlich, aber wahr, es gab für die weltgrößte Messe ihrer Art in der Welthauptstadt Berlin eine piefige, höchstbürokratische Genehmigung des Senates, welche vorschrieb, zu welcher Zeit im Sommergarten die Beschallung erlaubt ist und wann nicht. Geahndet wurde jede Minute Unterschreitung der verordneten Ruhe mit einer hohen Geldstrafe. Der Hintergrund: Einige Anwohner hatten sich wegen Ruhestörung beschwert. Ich nehme an, weil sie wegen der Musik auf dem Messegelände verpassten, wenn ein Flugzeug über das Haus flog. Nachdem ich das unter vielen Entschuldigungen dem verständnisvollen Herrn Kunze erklärt hatte, legte er zu Beginn des Konzertes seine Armbanduhr mit einem Seitenblick zu mir demonstrativ auf sein Keyboard, spielte ein top Konzert bis genau eine Minute vor sechzehn Uhr und sagte dann höflich: »Auf Wiedersehen.« Punkt vier Uhr nachmittags hatten alle Anwohner wieder ihre Ruhe und im Produktionsbüro trat Erleichterung ein.

Bei Gunter Gabriel hatte das übrigens nicht so gut geklappt, er ignorierte unsere Gesten am Bühnenrand und ich musste auf die Bühne, um ihn zu unterbrechen, während meine Kollegen den Strom abschalteten.

Trotz der vielen Begegnungen mit großartigen, sehr unterschiedlichen Künstlern bleiben mir zwei Dinge als Highlights der IFA in Erinnerung. Einmal das jährliche Wiedersehen mit Inka Bause, denn wir standen jedes Jahr als generationsübergreifendes Moderatorenpaar Bause und Karney auf der Bühne, und zum Zweiten die Arbeit mit dem Produktionsteam. Wie Kinder sich auf Weihnachten freuen, freuten wir uns einmal im Jahr auf unser Wiedersehen und das Publikum im Sommergarten.

Mit dem unschlagbaren Frauendoppel von GO! Events, dem besten Bühnenmeister der Welt, »Speiche« von der

Berliner Volksbühne, und der unprätentiösen Unterstützung der Messeleitung boten wir allen Künstlern ausgezeichnete Bedingungen für ihre Konzerte und Auftritte und den Gästen erstklassige Unterhaltung.

Wir haben in Perfektion das getan, was das Wesen unseres Berufes ist. Als Dienstleister für das Publikum, das Zerstreuung und Unterhaltung sucht, das Beste zu geben. Das ist etwas, worauf ich wirklich stolz zurückblicke. Die Wochen auf der IFA zählen zu den emotionalsten Momenten, die ich erlebt habe.

Roland Kaiser »Dich zu lieben« (1981)
Heinz Rudolf Kunze »Dein ist mein ganzes Herz« (1985)
Gunter Gabriel »Hey Boss, ich brauch mehr Geld« (1974)

Sächsisches Kamm Bäck

Als es 2005 den beiden populären sächsischen Radio-Spaßmachern Thomas Böttcher und Uwe Fischer einfiel, den alten »Bongi«, wie Böttcher mich nannte, in eine ihrer crazy Morgenshows beim Radiogramm R.SA Sachsen zum ungezwungenen Gedankenaustausch einzuladen, wurde daraus eine inspirierende Begegnung mit Folgen. Der damalige Geschäftsführer von R.SA Klaus Vorbrodt beschloss, dass es Zeit sei, meine mir selbstauferlegte Radioabstinenz zu beenden. Er fand zum einen überzeugende Worte und hatte auch gute Argumente, die wir in einem Vertrag festhielten, weil im Affekt ausgehandelte Vereinbarungen schnell mal vergessen werden.

Dieses Radio-Comeback brachte mir den Spaß an diesem wundervollen Job zurück und erweiterte meinen Horizont in vielerlei Hinsicht. Wir verabredeten, dass ich die Nachmittagsshow bei R.SA übernehme und die beiden Ulkvögel während ihres Urlaubs in der Morgensendung – so gut das eben möglich war – vertrete. Das ist das Wunderbare beim privaten Radio, das, was ich immer sehr geschätzt habe. Du hast eine Idee und setzt sie sofort in die Tat um. Keine Gremien, kein Vorlauf, um alle eventuellen Wenn und Aber so lange hin und her zu wälzen, bis dir die Lust auf deine eigene Idee vergeht. Noch bevor die Tinte unter dem Vertrag trocken war, lagen fertige Autogrammkarten auf dem Tisch. Damals fing das mit den Selfies gerade erst an, Autogrammkarten waren ein beliebtes Give-away bei Auftritten außerhalb des Studios, und davon sollten einige auf mich zukommen.

Wegen der lästigen Fahrerei nach Leipzig quengelte ich so lange, bis es irgendwann Arbeitserleichterungen für mich gab. In meinem Homeoffice in Berlin wurde alle notwendige Technik und auf meinem Computer die benötigte Software installiert. Nun konnte ich aus meinem Heimstudio live *Auf Sendung!* gehen. Ein Kollege stand in Leipzig im Sendestudio, wir kommunizierten über eine Kommandoleitung miteinander und es lief prächtig und stressfrei. An heißen Sommertagen konnte ich während der langen Werbeblöcke kurz unter die Dusche springen, einen Kaffee machen und anschließend die Verkehrsmeldungen verlesen. Dabei war es möglich, mit Hörern, die aus den Staus heraus ihren Lieblingssender in Leipzig angerufen hatten, zu telefonieren – mitten in Berlin, in Shorts und Adiletten.

Bei der Gelegenheit: Es gibt aktuell mindestens zwei Sender in Berlin, bei denen der Morningshow-Moderator ebenfalls zu Hause sitzt und von dort in die Show eingreift. Finden Sie selbst heraus, wer das ist: Ich schätze, die beiden haben es sich verdient.

Im Gegenzug für diese dekadenten Freiheiten reiste ich zu einigen Off-Air-Events, also öffentlichen Veranstaltungen außerhalb des Studios. Inmitten lauter, anstrengender Beschallung und in einem hellblauen Senderoutfit machte ich Spielrunden und Späße mit Hörern in Einkaufszentren und auf Volksfesten. Mal abgesehen davon, dass mir Hellblau nicht steht, hätte ich auch gern auf das Umfeld, in dem ich auf die Hörer traf, verzichtet. Doch die aufgeregte Freude bei dem einen oder anderen Fan war es wert, und schließlich wollten die Autogrammkarten verteilt werden. Damals schwor ich mir, niemals mehr in einem Einkaufscenter Promotion zu machen. Lasst doch die Leute in Ruhe einkaufen.

Als ein neuer Geschäftsführer in Leipzig Einzug hielt, war mir klar, dass bald Schluss wäre mit der sächsischen First-Class-Verbindung, denn in einer seiner Excel-Tabellen stand auf der Ausgabenseite auch mein Honorar. Als er mich anrief, begrüßte ich ihn mit den Worten: »Hallo, habe ihren Anruf schon erwartet.«

Hätte ich an seiner Stelle nicht anders gemacht. Die gewonnene Zeit konnte ich gut und gewinnbringend nutzen.

De Randfichten »Lebt denn der alte Holzmichl noch« (2004)
Juli »Perfekte Welle« (2004)
Rosenstolz »Liebe ist alles« (2004)

Mein Planet

In meinem Universum, das irgendwo im Sternbild Jungfrau zu finden ist, lernte ich viele Menschen kennen, die jemanden kennen, der jemanden kennt. In den unendlichen Weiten dieser Galaxie verhalten sich alle wie Planeten, während sie die Sonne umkreisen. Mal begegnen sie sich, dann entfernen sie sich wieder. Sie ziehen sich an, sie stoßen sich ab. Die Konstellationen ändern sich ständig und dennoch stehen sie stets in einer bestimmten Beziehung zueinander.

So ist es auch mit vielen meiner guten Beziehungen. Eine jede kreist auf ihrer Umlaufbahn und bei Bedarf funken wir uns an und dann kommt es zu Zwischenlandungen. Freundschaften hingegen bewegen sich immer in Sicht- und Rufweite, deren Nähe ist wichtig, schon wegen der gelegentlichen Glücks- und Notsituationen. Wer Kontakte in seinem Handy wie bloße Datensätze behandelt, verdient es nicht besser, wenn ihn »kein Schwein« anruft.

Auf meinem Stern hat immer alles seine Ordnung. Chaos herrscht nur kurzfristig, um danach wieder von mir in eine neue Ordnung gebracht zu werden. Darauf achte ich sehr, in dieser Hinsicht bin ich pingelig. Nicht bis ins allerletzte Detail, aber die grundsätzliche Konstellation muss klar sein. Als nach siebenundzwanzig Jahren meine Ehe zerbrach und ich Zuflucht bei meinem Freund Micha suchte und fand, begann ein monatelanges Chaos in einer Männer-WG. Das hatte in vielerlei Hinsicht seinen Reiz, war aber in meiner Welt ein unhaltbarer Zustand. Ich stellte schnell wieder eine Ordnung her, heiratete sogar zum dritten Mal. Ordnung muss sein, das gibt mir Sicherheit.

Wings »Band on the Run« (1973)
Eric Clapton »Tears in Heaven« (1992)
Led Zeppelin »Stairway to Heaven« (1971)

Das Schattenkabinett und andere Freunde

Sieben Männer, zwei Kisten Bier und eine Garage – im folgenden Vereinshaus genannt – sind in enger Männerfreundschaft aufs herzlichste verbunden. Wir feiern gemeinsam unsere Geburtstage, unsere Hochzeiten, unsere Scheidungen, gelegentliche Album-Veröffentlichungen einzelner Mitglieder, Auftritte oder Sendungen oder einen Sieg, ersatzweise auch die Niederlagen des FC Union oder der Eisbären Berlin. Darüber hinaus sind wir offen für tiefgreifende Gespräche über Gitarrensoli und den neuesten Klatsch und Tratsch aus der Musikbranche. Ja, ich gebe es zu: Auch Männer tratschen.

Wann immer es geht oder notwendig ist, treffen wir uns im Vereinshaus unseres »Präsidenten«. Dessen Spitzname ist »Schatten«, wir nennen ihn auch »Theo«, obwohl er in Wahrheit Frank heißt. Er ist Namensgeber des Schattenkabinetts. Eigentlich haben alle Mitglieder des Schattenkabinetts lustige und beschreibende Spitznamen, außer mir. Dieter nennen alle schon immer »Quaster«, den Claudius rufen wir »Albatros«, weil der diesen Song und seine Band Karat von seinem Vater geerbt hat. Claus ist »Technik mit pffff! Pfiff«. Er liefert den Sound für Rockbands und Jazzkonzerte. Stefan »Doorbreaker« verdiente sein Geld mit Mode und hat daher eine besondere Affinität zu Models. Und »Dudel« macht in Metallverarbeitung. Er ist gewissermaßen die Heavy-Metal-Fraktion in unserem Kabinett.

Da Freundschaften auch stark vom Verständnis und Wohlwollen des anderen Geschlechts abhängen, sind zu besonderen Anlässen die Ehefrauen wie auch weitere Freunde zugelassen. Hier geht es gern mal feuchtfröhlich zu, getreu dem Motto: Solange der letzte Strohhalm, an den du dich klammerst, in einem Gin Tonic steckt, geht's eigentlich. Wie man sich nach dieser kurzen Beschreibung des Schattenkabinetts unschwer vorstellen kann, gibt es in unserem riesigen Bekanntenkreis viele Bewerbungen für die Mitgliedschaft im Schattenkabinett. Was mit Sicherheit daran liegt, dass wir unsere Freundschaft der Freundschaft wegen pflegen. Niemand ist Steigbügelhalter des anderen oder sucht nach Kontakten.

Das Schöne an Männerfreundschaften ist, dass es keine Eifersucht gibt. So treffe ich seit achtundzwanzig Jahren einen meiner liebsten Freunde, Alex. Er war 1991 neugierig und unerschrocken als sogenannter Jungredakteur zum neuen Berliner Rundfunk gekommen und erlebte alles mit, was ich hier versucht habe kurz und präzise zu beschreiben. Sollten Zweifel an den von mir niedergeschriebenen Eindrücken aufkommen oder Nachfragen nötig sein, dann wenden Sie sich vertrauensvoll an Alex. Er ist lange genug Anchorman bei den Nachrichten und ein hartnäckiger Journalist, er wird Ihre Fragen objektiv nach Faktenlage beantworten. Darüber hinaus fing er mich in vielen schwierigen beruflichen und desolaten privaten Situationen auf und baute mich auf. So etwas schweißt zusammen.

Dieter »Quaster« Hertrampf »Ich bereue nichts« (2014)
Queen »Friends Will be Friends« (1986)
The Beatles »With a Little Help from My Friends« (1967)

Bennets Abenteuer beginnt

Greta Thunberg und ihre Fans hätten ihre Freude an diesem Kindermusical, wären wir nicht sieben Jahre zu früh mit unserem aufrüttelnden und liebevoll inszenierten Stück über Umweltschutz und Freundschaft am Start gewesen.

Dieses Musical hat mich viel Zeit, viel Geld und viel Herzblut gekostet, aber ich möchte keine Sekunde missen. Die Story: Der Stadtjunge Bennet schließt bei Besuchen auf dem Lande Freundschaft mit den Tieren des Waldes. Als das Gebiet von einer gewissenlosen Raffaela Raffzahn aus schnöder Geldgier gerodet werden soll, führt Bennet den Widerstand der Tiere an und rettet den für Mensch, Tier und Klima lebenswichtigen Wald.

Wie Inka Bause und Andrea Ballschuh (die ich als Patinnen für *Bennets Abenteuer beginnt* gewinnen konnte) es ausdrückten: »Toll, dass in dieser künstlerischen Form Kinder unterhaltsam und ohne Zeigefinger für das Thema Umwelt und ihren Schutz sensibilisiert werden.« Leider war das Thema nicht so präsent wie heute, und von der Euphorie der ersten Lesung mit den Autoren bis zum traurigen Abgesang im Schweriner *Capitol* lag nur ein Jahr. Ein Jahr, das es aber in sich hatte.

Dem Autor und Schauspieler Lothar Tarelkin, mit dem ich schon bei »Karney & Co.« Sketche gespielt hatte, war diese wirklich mitreißende Geschichte von Bennet eingefallen. Es existierten außerdem einige Songtexte und Melodien von Michael Seidel, den viele vom Schauorchester Ungelenk kennen. Er ist der mit dem kleinen Vogel auf dem Brillenbügel.

Das Stück gefiel mir sehr, und die beiden hatten keine Mühe, mich für eine Zusammenarbeit zu begeistern. Da ich durch meine Radiozeit einiges über Vermarktung und den sinnvollen Zusammenschluss von unterschiedlichen Potentialen gelernt hatte, entschied ich, mich als Produzent einzubringen. Weil ich es satthatte, mir von Bankberatern und Versicherungsagenten vorführen zu lassen, wie man Geld anlegt, um es dann doch zu verlieren, dachte ich: *Das kannst du auch alleine, und wenn es schiefgeht, bist du halt selbst schuld.* So übernahm ich die Verantwortung für den technischen und wirtschaftlichen Erfolg dieser Inszenierung.

Aus der ursprünglichen Idee der Autoren, in einem kleinen Theater einen bescheidenen Platz im Spielplan einzunehmen, entwickelte sich in meiner Welt ein Bühnenspektakel, bei dem begleitend alle Register der Vermarktung gezogen werden sollten. Das verlangte nach Investment oder Sponsoring (was übrigens oft verwechselt wird).

Bestens präpariert und ausgestattet mit einer aufwendigen Präsentationsmappe und einem Laptop voller bunter Bilder, die in feinster Disney-Manier Szenen und Personen aus dem Kindermusical zeigten, wurde ich also bei verschiedenen potentiellen, finanzstarken Partnern vorstellig. Um eine derartige Produktion auf den Weg zu bringen, werden enorme finanzielle Mittel benötigt. Die Aufgabe des Produzenten ist es, immer wieder Geld zu besorgen. Das gelang mittelprächtig. Ohne den persönlichen Einsatz eines Managers einer großen, international agierenden Bank wäre es nicht einmal zur Uraufführung gekommen, aber durch dieses Sponsoring konnten wir entspannt inszenieren und vor allem die Musik produzieren.

Wie schon beschrieben, funkte ich in die Umlaufbahnen meines Planeten und kontaktierte unter anderem den Komponisten und Musikproduzenten Rainer Oleak. Ole (wie ihn alle nennen) kannte ich schon, als er noch Keyboard bei Neumis Rock Circus und Frank Schöbel gespielt hatte. Es war ein Glücksfall für *Bennet*, dass er sich uns anschloss. Er komponierte eine wundervolle Musik, in die sich alle Songs wie aus einem Guss fügten. Viele großartige Musiker beteiligten sich an unserem Soundtrack. Das Saxophon spielte Günther Fischer, Gitarrensoli Uwe Hassbecker, Akkordeon Tobias Morgenstern, der Mitbegründer des Theaters am Rand, das er mit dem Schauspieler Thomas Rühmann führt. Einen Song auf dem Album sang Rockhaus-Sänger Mike Kilian. Frank Zander übernahm den Part des Bösewichts wie einst beim »Ururenkel von Frankenstein«. Die Sängerin Carmen Hatschi spielte die weibliche Hauptrolle und sang einen Song, den Céline Dion nicht besser gesungen hätte.

Große Unterstützung bekam ich vom Produzenten von *Stars in Concert*, Bernhard Kurz. Er überließ uns ganz unkompliziert die Bühne im Hotel *Estrel*. Dort, wo die weltbesten Doubles von Tina Turner bis Joe Cocker auftreten, probten wir für unser Kindermusical. Mit zwei starken Medienpartnern feierten wir eine glanzvolle Premiere und viele ausverkaufte Vorstellungen. Radio Teddy, das einzige private Kinderradio in Deutschland, und die *Berliner Morgenpost* halfen uns tatkräftig dabei, dass unsere Idee und die Inszenierung der Öffentlichkeit nicht verborgen blieben.

Tinka Tarelkin, die Chefchoreographin des Kinderensembles im Berliner Friedrichstadt-Palast, zauberte viele fantasievolle Tänze. Als Kostümbildnerin aktivierte ich Marie Landgraf, eine erfahrene Frau, die schon für Michael Endes *Momo* Kostüme entworfen hatte. Mit allen Wassern gewaschene Techniker, Regieassistenz, Maskenbildner usw. arbeiteten innerhalb kürzester Zeit für *Bennets Abenteuer beginnt*. Wir rekrutierten junge Schauspieler und Tänzer und arbeiteten wochenlang an der Inszenierung. Während der Autor und Regisseur probten und die Tänzerinnen sich die Choreographien einbläuten, zog ich die Fäden im Hintergrund.

Meine guten alten Bekannten Marcus Zander und Sven Meisel veröffentlichten bei Zett-Records das Musikalbum zum Musical, das es drei Wochen lang auf Platz eins der Download-Charts in der Kategorie Musical schaffte. Unser Merchandising-Stand war zweimal leergekauft und der Plattenboss ist sonntags in sein geheimes CD-Lager gefahren, um Nachschub zu bringen.

Gescheitert ist der Tourneebetrieb letztendlich am Geld. Sponsorengespräche mit einer großen Automarke liefen zunächst wirklich gut, und wäre der CO2-Skandal fünf Jahre früher aufgedeckt worden, wären wir mit unserem Umweltmusical als Feigenblatt der Umweltverschmutzer ganz vorn gewesen. So aber drehten sich die trägen Marketingstrategen so lange um die eigene Pleuelstange, bis bei *Bennet* der Kraftstoff verbraucht war. Nach einer letzten Vorstellung in Schwerin musste ich dem in Tränen aufgelösten Ensemble das Ende mitteilen.

Was bleibt, ist die Erinnerung an ein wundervolles Jahr

mit hingebungsvollen Mitstreitern, die über Monate hinweg in einem freundschaftlichen, fast familiären Miteinander ein beeindruckendes Theaterstück auf die Beine stellten und damit in fünfzehn ausverkauften Vorstellungen dem staunenden und begeisterten Publikum einen Traum schenkten.

So wurde aus *Bennets Abenteuer beginnt*, das ein Happy End hat, »Jürgens Musical Abenteuer« ohne glücklichen Ausgang – nein, halt! Während dieser Produktion lernte ich meine jetzige Frau kennen und lieben, also doch ein Happy End.

Mike Kilian »Wer will schon gern allein sein« (2012)
Carmen Hatschi »Ich hatte einen Traum« (2012)
Carmen Hatschi & Emma »Komm, wir pflanzen einen Baum« (2012)

Einmal Fan, immer Fan

Stellen Sie sich vor, Sie steigen allein in einen Lift. Kurz bevor die Tür sich schließt, steigt das Idol Ihres Lebens, jemand, den Sie seit Ihrer Jugend verehren, bewundern, anhimmeln, was auch immer, zu Ihnen in den Fahrstuhl. Die Tür schließt sich und da sind nur Sie beide. Was sagen Sie, wie verhalten Sie sich? Na? Wer wäre das in Ihrem Fall? Sind Sie vorbereitet für den Augenblick im Lift? Fragen über Fragen. Hier sind *meine* Antworten.

Meine »Idole« sind Udo Lindenberg und Paul McCartney. Wegen des Letzteren ließ ich, sobald er zu sprießen anfing, den Oberlippenbart stehen, weil Paul auf dem Cover des »Sgt. Pepper's«-Album einen hat. Diese pubertäre Altlast trug ich bis in die neunziger Jahre mit mir herum, wegen McCartney, da hatte er sich schon zigmal verändert. Wenn ich ihn in der beschriebenen Lift-Situation träfe, würde ich wahrscheinlich fragen, welche Etage ich drücken soll, und ihm beim Aussteigen kumpelhaft zuzwinkern: »See you tonight, at the concert.«

Als ich Udo Lindenberg kennenlernte, war es beruflich. Damit gab es Gesprächsstoff genug, denn er wollte über sein aktuelles Album reden. Ich traf ihn in seinem Hotelzimmer, er saß mit den obligatorischen grünen Socken im Schneidersitz auf dem Sofa und qualmte eine Zigarre. Beim »Hallo Udo« stand er auf und wir gaben uns die Hand. Wir setzten uns beide im Schneidersitz aufs Sofa und kamen ins Gespräch über die Abbey Road Studios, wo er Songs für das Album aufgenommen hatte. Plötzlich redeten wir über unser gemeinsames Idol Paul McCartney, über die Beatles, die Freundschaft, die Musik, die Familie. Wir sprachen über Gott, über die Welt, wie wir damit umgehen und was man tun muss und machen kann, um sie zu erhalten. Sein Assistent brachte irgendwann frischen Tee, und auf einmal waren über zwei Stunden philosophierend auf dem Sofa vergangen. Jetzt wusste ich, warum er mein Idol ist. Weil er messerscharf, zudem immer sehr pointiert alles, was um ihn herum passiert, reflektiert und punktgenau reagiert. Mit Songs und mit starken Statements. Ein Künstler mit Charakter, ein Vorbild – mal abgesehen von seinen berauschten Eskapaden. Wir nahmen dann noch ein paar Sachen mit dem Reportage-Mikro auf und sein Assistent schoss im Halbdunkel fix ein paar Couchfotos. Zur außerordentlichen Erinnerung an diese fertigte Udo eine kleine Zeichnung für mich, die an einem exponierten Platz in meinem Büro hängt. Die schönen Nebeneffekte meines Berufes.

Es war eine verführerische Aussicht, einige der Bands und Solisten, deren Songs sich in Kinder- und Jugendtagen im kollektiven Gedächtnis meiner Generation eingebrannt hatten, live zu erleben und kennenzulernen. Mehrere Wochen lang sollte es mit einigen Oldie-Stars durch mittelgroße Hallen in Mitteldeutschland gehen. Vielleicht brauchten sie einen mittelmäßigen oder mittelalten Moderator, jedenfalls fiel die Wahl auf mich.

Mir schwebte vor, das Publikum nicht nur mit Infos zu den Bands zu versorgen, sondern es vor allem auf eine Zeitreise mitzunehmen. Das war bei der Hit-Dichte nicht schwer und ich sah mich in meinem Element. Die Sache versprach einigen Spaß, noch dazu, ohne dass ich mich in den paar Wochen über die Maßen zu verausgaben hätte. So sagte ich, trotz eindringlicher Warnungen von Kollegen, dem windigsten und trickreichsten aller Tourneeveranstalter meine Mitwirkung zu.

Der Tourpromoter ließ quasi ein Best-of meiner Teenagerzeit aus England einfliegen. Mit dabei waren: Herman's Hermits, The Rubettes, The Glitter Band, The Equals und die Musiker, mit denen Dave Dee unzählige Hits hatte: Dozy, Beaky, Mick & Tich. Wir tourten fröhlich durch das Land, aus dem Walter Ulbricht einst das »Yeah, Yeah, Yeah und wie das alles heißt« hatte verdammen wollen. Ulbrichts vielzitierte Worte, die er 1965 auf dem 11. Plenum des Zentralkomitees der SED aussprach, wurden zum ironischen Motto unserer Tournee. Bei den Konzerten sowohl östlich als auch westlich der Elbe fand sich jeden Abend eine im Geiste verschworene Gemeinschaft zusammen, um ausgelassen in Erinnerungen an längst vergangene Jugendtage zu schwelgen. Selbst in Hannover und Bremen wurde kräftig über Walter Ulbricht gelacht, und auch wenn die Transistorradios dort nicht »Stern 111« hießen, sondern von Nordmende waren, so war das Revival der Musik und der Stars der Sechziger und Siebziger ein absolut verbindendes Moment.

Bei diesen Oldie-Tourneen lernte ich auch Chris Andrews und Barry Ryan kennen, und das war schon etwas Besonderes. Der »Yesterday Man« Chris Andrews wird ständig von seiner lieben und fürsorglichen Frau Alexandra versorgt und betuddelt. Das geht so weit, dass sie ihm jeden Abend ein Bier auf die Bühne bringt und dann, wenn sie schon mal oben steht, auch ein Lied mit ihm singt.

Mister »Eloise« Barry Ryan wollte sich als ausgeprägter Individualist nicht an den Fahrplan des Tourbusses halten und suchte Motive und Zerstreuung. Motive für seine Fotografien – Barry hat sich als Fotograf in der Kunstszene einen Namen gemacht und fotografierte ständig architektonische Details. Zerstreuung suchte er in endlosen Gesprächen.

Wir bildeten eine äußerst anregende und angeregte Fahr- und Gesprächsgemeinschaft. Während der dreiwöchigen Tour musste ich den ganzen Tag englisch sprechen. Damit ich hier bei der Wahrheit bleibe: mich mit meinem schlechten Englisch verständigen. Das sprudelte jeden Tag etwas besser, und Barry wusste immer, was ich meine, aber er verbesserte verzweifelt meine Grammatik. Es gab viele Themen, die zwischen einem ehemaligen Weltstar und einem investigativen Moderator zu besprechen waren. Wir nutzten die Tage vor den abendlichen Konzerten zum Beispiel zu einem ausführlichen Sightseeing in Dresden und Meißen mit kunsthistorischen Erläuterungen meinerseits. Beim Besuch der Kirche in Arnstadt, in der einst Johann Sebastian Bach die Orgel gespielt hatte, konnte ich nach über fünfundvierzig Jahren endlich (!) mein Schulwissen über Bach an den Mann bringen. Unser Besuch Wittenbergs führte uns auf die Spuren von Martin Luther, auch hier war ich sattelfest dank ZDFneo. Kurzum, ich konnte ihm zeigen, in welchem großartigen Land ich lebe, welche Bereicherung die europäische Kunst und Kultur durch Deutschland erfahren hat und wie dämlich ich die Brexit-Bestrebungen in seiner Heimat finde. Da waren wir uns einig und begossen unseren Bund in *Auerbachs Keller* in Leipzig, nicht ohne auch noch Goethe in unsere Beziehung einzubeziehen.

Spätestens hier wird klar, dass aus dem oft zitierten Sex, Drugs and Rock 'n' Roll längst beschauliche Rundreisen mit Bildungsauftrag geworden sind. Selbstverständlich führten wir am Rande unserer Exkursionen auch viele philosophische Gespräche über Frauen, die Showbranche sowie darüber, dass der Rock 'n' Roll nie sterben wird und wie vergänglich Ruhm und Geld sind, vorausgesetzt man besitzt beides. Das erscheint mir in diesem Zusammenhang erwähnenswert, denn der äußerst dubiose Tourneeveranstalter schuldet mir bis heute einen Großteil meiner Gage. Ich frage mich, wie alt ich werden muss, um das mit dem Geld endlich zu lernen.

Udo Lindenberg »Gegen die Strömung« (1981)
Barry Ryan »Eloise« (1968)
Chris Andrews »Yesterday Man« (1965)

30 Jahre »Bong«

Das mit der Auferstehung ist so eine Sache. Auch wenn viele Menschen daran glauben, ist nicht bewiesen, dass es klappt. Gegen meine Überzeugung habe ich mich auf die Wiederbelebung einer längst beerdigten Idee eingelassen.

Der Auslöser war eine Kiste voller »Bong«, und das kam so: Der mittlerweile selbst ziemlich populäre AMIGA-Chef Jörg Stempel, der den größten Teil des Pop- und Rockmusikmaterials der DDR im Auftrag von Sony Music Entertainment verwaltet und unter allen möglichen Vorwänden, wie zum Beispiel Jubiläen, publiziert, wollte fünfundzwanzig Jahre nach der letzten Sendung »Bong« einige noch nicht final verwertete Songs aus seinem Repertoire auf einer DVD veröffentlichen. Vielleicht überkam ihn bei der Besichtigung des Videomaterials Wehmut oder Ehrfurcht, vielleicht konnte er sich einfach nicht entscheiden, welchen Song, welchen Künstler er auf dieser einzigen »Bong«-DVD verewigen möchte. Jedenfalls, nach tagelangem Sichten aller »Bong«-Sendungen, was meinen allergrößten Respekt verdient, sagte ihm einfach sein unternehmerischer Instinkt, dass hier ein großes Potential im Deutschen Rundfunkarchiv schlummert, das auf seine Verwertung wartet.

Aus einer geplanten DVD wurde eine »Bong«-Box mit insgesamt vier Discs. Eine extragroße, knallbunte Mischung voller Highlights ostdeutschen Popmusikschaffens, mit der übrigens die Verkaufszahlen der DVD-Reihe »Ein Kessel Buntes« übertroffen wurden. Fast wäre die Veröffentlichung gescheitert, denn das Mutterhaus von AMIGA, Sony Music Entertainment, war nicht schlecht überrascht, als es mit BB Radio über dieses Projekt verhandeln musste. Denn wir hatten irgendwann einmal den Namen und das

Logo »Bong« schützen lassen, um sie zu nutzen, wenn die Zeit reif dafür wäre. Nun war es so weit. Obwohl die Rechte an den Songs alle bei AMIGA liegen, musste ein Deal gefunden werden, um es als »Bong« verkaufen zu können.

Schon zu Zeiten, als die Sendung noch im Fernsehen lief, hatte ich nur wenige Folgen komplett gesehen. Ich kannte ja alle Details und hatte an der Entstehung der Videos mitgewirkt, warum also noch mal ansehen. Während der Jahre nach 1987, als die Sendung live ausgestrahlt wurde, verwehrte ich mir auch die Wiederholungen. Nun, eine gefühlte Ewigkeit später, wollte ich die DVD-Box schnell in die Traditionsecke stellen. Meine Frau aber, obwohl ein echtes Brandenburger Mädel, hatte sich während ihrer Pubertät nicht mit ostdeutscher Popmusik beschäftigt, sich stattdessen eine schwere Depeche-Mode-Anomalie zugezogen, die übrigens bis heute nicht geheilt ist. Sie hatte keine meiner Sendungen jemals gesehen und brannte darauf, auch diese Facette meiner Vergangenheit kennenzulernen. Wie andere in einem Fotoalbum von früher blättern, schauten wir gemeinsam die Fülle an brillanten Videos und Songs an, die kompakt auf den Silberlingen verewigt sind.

In aller Bescheidenheit und mal abgesehen vom Moderator mit der schrecklichen Fönfrisur, überraschte es mich, was wir doch da in den Achtzigern für ein Feuerwerk gezündet haben. Für mich ein gutes Gefühl, dabei gewesen zu sein. Das war ein schöner nostalgischer Fernsehabend, der unmelancholisch und harmonisch endete mit der Gewissheit: Damals wäre aus meiner Frau und mir kein Paar geworden.

Gleichzeitig mit dieser DVD-Veröffentlichung wollte ein Konzertveranstalter in Leipzig »Bong« noch einmal zum Leben erwecken. Nachdem auch er mit BB Radio hart verhandelt hatte, um den Namen nutzen zu können, wurde eine aufwendige Show im *Haus Auensee* auf die Bühne gebracht. Viele der populärsten Künstler, die diese Sendung einst geprägt hatten, folgten meinem Ruf und wir zelebrierten eine großangelegte »Inkarneytion«.

Keine Frage, das Wiedersehen mit den mittlerweile nicht nur körperlich, sondern vereinzelt auch künstlerisch gereiften Kollegen barg viele herzliche und einige überraschende Momente. Im Großen und Ganzen jedoch war es, wie Klassentreffen so sind: ein rückwärtsgewandtes Ausgraben von Erinnerungen, um gemeinsam festzustellen, dass es doch ganz anders gewesen war. Das ist partiell lustig und erfrischend, erschöpft sich aber schnell, wenn es nur dabei bleibt. Um mit dem einen oder anderen ein gutes Gespräch zu beginnen, geschweige denn zu vertiefen, ist der Backstage-Bereich bei einer solchen Show nicht der richtige Ort. Dort fliegt man eher von einem »Mensch, lange nicht gesehen« zum nächsten, und wenn die Blender sich im raumgreifenden großen Hallo ergehen, ist es Zeit für den Rückzug in die Garderobe. Dann übernehmen die »Cateringfräsen«, von denen keiner weiß, wer sie eingeladen hat, die aber immer großen Hunger mitbringen und ständig am Büfett rumfingern.

Offensichtlich hatten viele Fans Eintrittskarten gekauft in der Erwartung, in eine Maschine zu steigen, die sie in die »gute alte Zeit« bringt. Daher erhielten die Künstler, die bei ihrem Auftritt auf ihre früheren Hits setzten, den größten Applaus. So ist das halt bei Oldie-Nights, und das ist auch in Ordnung so. Nur hat jegliches neue Material in diesem Rahmen kaum eine Chance, so zu wirken wie alte Hits. Tino Eisbrenner zum Beispiel, in dessen Musikerhistorie die starken Songs »Die kleinen Mädchen« und »Ich beobachte dich« gehören, hatte schwer zu kämpfen mit seinen neuen sehr anspruchsvollen Liedern. Der kluge Ralf Schmidt alias Falkenberg, der sein frühes Schaffen als »IC« hinter sich gelassen hat, erkannte dies wohl schon im Vorfeld und winkte ab, als ich ihn um einen Auftritt bei dieser nachträglichen Leistungsshow bat. Er wollte dem Publikum und sich eine Enttäuschung ersparen. Respekt, das konnte ich sehr gut nachvollziehen.

Es gab unter anderem ein Wiedersehen mit Petra Zieger und Band, die nichts von ihrer Energie verloren hat, Karat, Muck, Karussell, Michael Barakowski und vielen anderen. Im *Haus Auensee* kullerte an diesem Abend so manche Träne der Rührung. So auch beim Veranstalter, denn irgendwie herrschte ein Missverhältnis zwischen Ticketpreis und Gagenforderungen. Warum viele glauben, dass »Ostkünstler« dreißig Jahre nach der Wende lieber Geld zu Veranstaltungen mitbringen, statt ihren Lebensunterhalt zu verdienen, habe ich nie verstanden – aber ich verstehe ja nichts von Geld, deshalb halte ich mich da raus.

Wolfgang Ziegler »Verdammt« (1987)
Petra Zieger & Band »Katzen bei Nacht« (1987)
Beppo Küster »Absolute Stille« (1983)

Auf Sendung!

Freischaffend setzt sich aus den beiden Wörtern frei und schaffend zusammen. Ja, man ist (bedingt) frei in seinen Entscheidungen, zum Beispiel, ob man um sieben Uhr morgens oder gegen zwölf Uhr mittags frühstückt. Aber man muss sich gut organisieren, damit man auch etwas schafft. Freischaffende, die das schleifen lassen, sind schnell weg vom Fenster, ganz egal in welcher Branche. Uli, einer meiner allerbesten Freunde, den ich seit meiner Zeit bei der Volksmarine ins Herz geschlossen habe, ist freischaffender beziehungsweise in dem Fall selbständiger Haus- und Hofmeister. Er kann klempnern, mauern, malern, verlegen und abreißen. Damit hat er sich seine Gesundheit ruiniert, weil er ständig etwas schaffen musste. Sozusagen: selbst und ständig im Einsatz. Wäre er angestellt gewesen, hätte er wenigstens einmal im Jahr Urlaub gehabt bei der ganzen Plackerei. Es hat also alles seine Vor- und Nachteile.

Nun, in meinem Metier werde ich mir nicht den Rücken kaputtmachen, aber »verheben« im übertragenen Sinn kann man sich ganz schnell als Freischaffender, und genau das ist mir passiert bei Radio SAW in Sachsen-Anhalt. Dort stellte mich meine gute Freundin Barbara Klabunde, die den Sender seit Jahren als Programmdirektorin führt, ihrem Nummer-eins-Morgenmoderator Volker Haidt an die Seite. Privat verstanden wir uns prächtig, am Mikrofon aber fanden wir beim besten Willen nicht zusammen. Als der erhoffte morgendliche Schlagabtausch zwischen den beiden »Radiolegenden« Haidt und Karney bei »Muckefuck«, so hieß die Sendung, ausblieb, trennten sich unsere Wege und ich konnte wieder ausschlafen. Gerade Niederlagen eignen sich bekanntermaßen bestens, um Lehren daraus zu ziehen.

Fehler sind dazu da, gemacht zu werden – man sollte halt zusehen, dass man denselben Fehler nicht zweimal macht. Aber der nächste Versuch ist immer der Triumph der Hoffnung über die Erfahrung, und ehe ich mich's versah, war ich wieder *Auf Sendung!*. Diesmal in der Morningshow bei meiner alten Liaison BB Radio.

In der Pressemitteilung zu meinem Comeback standen Wörter wie »Urgestein« und »Fossil« mit Bezug auf meine lange Zeit als Radiomoderator. Als hätten sie mich wie Ötzi aufgetaut und ans Mikrofon getragen. Mit allem Enthusiasmus und voller Energie gingen meine beiden Mitstreiter und ich daran, die Visionen des Programmchefs zum fröhlichen Klingen zu bringen. Unser Dreiergespann wies Parallelen auf zur Konstellation Rihanna, Kanye West und Paul McCartney, die gerade gemeinsam einen Song veröffentlicht hatten: eine heiße Schnecke, ein cooler Typ und ein alter Sack. Nach dreihundert Sendungen, dreißig Wochenend- und Nachmittagseinsätzen sowie drei ernsthaften Auseinandersetzungen mit dem Programmdirektor ging das Fossil, der Ötzi, ein bisschen traurig, aber ohne Gram zurück ins Eis. Auf die alten Tage wieder etwas gelernt: Eine alte Liaison trägt man besser im Herzen, pflegt die Erinnerung und akzeptiert, dass es vorbei ist, statt zu versuchen, alte Gefühle aufzuwärmen.

Jetzt, da die Haare langsam grauer werden, ich in Gesprächen immer öfter von früher erzähle, beschleicht mich, trotz der oft beschriebenen Gelassenheit des Alters, eine innere Unruhe aus dem Gefühl heraus, dass mir die Zeit davonläuft. Das Letzte, was ich will, ist: Ruhestand. Was für ein schreckliches Wort, was für ein unglückseliger Zustand. Das ist wie bei diesen Songs, wo der Refrain immer wiederholt wird, bevor er dann endlos lange ausgeblendet wird. Früher (da ist es wieder!) in der Nalepastraße leuchtete vor den Studios ein Schild: »Ruhe! Sendung!« Ja, was denn nun, Ruhe oder Sendung? Meine Entscheidung lautet: Sendung! Es muss um Himmels willen nicht mehr jeden Tag die Morningshow sein, aber jeden Samstagvormittag bei Ostseewelle in Rostock zu moderieren ist eine feine Sache, da freue ich mich drauf.

Es gibt Stimmen, die sagen mir, du brauchst ja niemandem mehr etwas zu beweisen. Doch! Mir selbst, und von der Verpflichtung meinen Hörern gegenüber kann mich ohnehin keiner entbinden. Wenn ich in einer Sendung stehe, dann gibt es keine Abstriche, dann bin ich so frei und schaffe, was das Zeug hält – freiwillig und mit immer noch wachsender Begeisterung. Wenn der Ehrgeiz erlahmt ist, kann man sich gleich in Grab legen. Solange ich sende, bin ich. Ich sende, wenn ich junge Moderatoren coache, wenn ich mich mit Kollegen austausche, weil sie mich um Rat fragen. Wenn ich meine Erfahrungen einbringe, sende ich, oder wenn ich auf Nachfrage eine gute Idee beisteuere. Oft sende ich auch im privaten Kreis zu viel, als ginge es um Zuhörquoten. Nur wenn ich, was selten genug geschieht, meine Töchter und meine Enkel besuche, dann habe ich Sendepause.

Ed Sheeran »Thinking out Loud« (2014)
Joris »Herz über Kopf« (2015)
Sarah Conner »Vincent« (2019)

Frei wie der Wind

Wie oft sagt man, während der Hatz nach Geld und Anerkennung, in Augenblicken, in denen das Gefühl aufsteigt, etwas zu versäumen, oder in denen man sieht, wie andere die Balance zwischen Beruf und Freizeit besser wahren als man selbst: »Das mache ich später mal.« Schneller als gedacht ist es dann später, und nur mit Glück ist es nicht zu spät. Einige meiner Weggefährten erlebten dieses »später mal« nicht mehr, ihre Träume blieben unerfüllt. Sie ließen ihre Hinterbliebenen betroffen und nachdenklich zurück ob all der Träume, die man sich selbst noch erfüllen möchte und immer auf später verschiebt.

Für mich gab es den einen Tag, an dem ich feststellte, dass es noch viel zu erleben gibt und Aufschieben keine Option ist. Nach einer eingehenden ärztlichen Untersuchung, der ich mich wegen zunehmender schneller Ermüdung und Lustlosigkeit vor allem im sexuellen Bereich unterzogen hatte, eröffnete mir der Urologe meines Vertrauens, dass sich in meinem Kopf neben vielen chaotischen Ideen ganz still und leise ein Tumor gebildet hatte. Schockdiagnose, mein erster Gedanke: *Krebs, das war's.* Nein, war es nicht. Mein über Jahre hindurch permanent von einer selbstproduzierten Überdosis Adrenalin gepushter Körper, von dem ich stets erwartete, dass er einfach nur funktioniert, hatte versucht, den Hormonhaushalt selbst wieder auf ein gesundes Level zu bringen. Die dazu notwendige Drüse hatte sich wegen ständiger Überforderung enorm vergrößert. Statt zu operieren, behandelte mich mein Männerarzt mit Dopamin, dem hinlänglich bekannten Glückshormon. Die daraufhin einsetzende schnelle Normalisierung meiner Konstitution war sogar Gegenstand hochwissenschaftlicher Betrachtungen unter Charité-Professoren, denn mein Körper reagierte lehrbuchmäßig. Für mich ein großes Glück und ein Desaster zugleich.

Wenn Mann jenseits der Fünfzig ist, sich in der Midlife-Crisis und mitten in einem schweren Ehekonflikt befindet und dann derart gedopt und aufgeputscht wird, gibt es kein Halten mehr. Ich konnte mich gar nicht wehren, der Hormoncocktail ergriff Geist und Körper und ich begann Dinge zu tun, die ich schon immer, eben »später mal« gern machen wollte. Zum Beispiel lernte ich, um meine damalige Noch-Ehefrau zu beeindrucken, windsurfen, segeln und Abfahrtski fahren. Kein Wind zu stark, kein Berg zu hoch, Hauptsache in rasender Geschwindigkeit. In diesem Rausch bin ich schließlich auch aus meinem alten Leben davongetrieben und in der Zwischenzeit in meinem Neuen sehr glücklich angekommen. Männer geht zum Urologen – das ist für alle das Beste.

Aus purem Spaß am Segeln ist im Laufe der Jahre eine große Leidenschaft geworden. Die Schiffe wurden immer größer, die Reisen immer länger und auch die Verantwortung ist wieder gewachsen, drückt aber nicht mehr so wie früher. Musste es in frühen Jahren die Zulassung als Schallplattenunterhalter sein, so kann ich mir jetzt mit Funkschein und Sporthochseeschifferschein den Traum meines zweiten Lebens erfüllen und die Welt vom Segelboot aus erkunden und genießen. Die Faszination der Naturschauspiele auf dem Wasser ist unwiderstehlich anziehend für mich. Allein mit der Kraft des Windes ein Boot sicher durch Gezeiten, Strömung und Wellen zu führen und durch die großen und kleinen Meere unserer Welt zu navigieren, ist immer wieder ein großartiges Glücksgefühl und hat viele Parallelen zum Leben insgesamt. Mal geht's wie von selbst voran, ein anderes Mal muss eine Flaute durchgestanden werden, Untiefen und Klippen gibt es hier wie dort und Verantwortung für mich selbst, Boot und Mannschaft nimmt mir auch keiner ab, nur dass ich als Schiffsführer bedeutend entspannter und verständnisvoller bin, als ich es als Programmdirektor je war. Mussten es früher Quoten und Umsatz sein, so sind es heute entspannte Seemeilen und glückliche Mitsegler – alles können, nichts müssen.

In einem Song der Puhdys heißt es: »Wenn Träume sterben, dann wirst du alt«. Wenn das so ist, dann bin ich mit meinen wilden Visionen vom weiteren Verlauf meines Lebens gerade mal volljährig und weit weg vom sogenannten Ruhestand. Darauf habe ich einfach keinen Bock. Und irgendwas muss ja richtig laufen, denn sonst hätte sich meine großartige, verständnisvolle Frau nicht auf mich, meine Macken und Sehnsüchte eingelassen und würde nicht am Hafen stehen und immer wieder auf mich warten. Ein Schiff wird kommen.

Puhdys »Wenn Träume sterben« (1977)
OMD »Sailing on the Seven Seas« (1991)
Otis Redding »(Sittin' on) The Dock of the Bay« (1968)